Essai Critique

MANIFESTE DU TROLL

STEPHANE RENARD

À ceux qui ont pris mon silence pour une reddition.

À ceux qui m'ont ghosté, bloqué, ignoré,
aux petits roitelets du numérique qui pensent encore
qu'un like équivaut à une pensée :
je vous crache à la gueule.

Ce livre est pour vous. Pour moi. Pour nous tous,
parasites de pixels, rampants anonymes des
commentaires.
Je le dédie aux trolls sans drapeau, aux hackers de
l'intime, aux architectes du chaos algorithmique.
À tous ceux qui croient encore pouvoir éteindre un
incendie en y pissant dessus.

Faut croire que parfois, les monstres finissent par
prendre la parole.
Et quand ils parlent, ça brûle.

! AVERTISSEMENT LÉGAL & INTENTION DE L'AUTEUR

Ce livre n'est ni un guide pratique, ni une invitation au chaos. Il ne vise pas à former des harceleurs, des hackers, ou des détraqués. Ce n'est pas un appel à la haine, ni un mode d'emploi pour contourner la loi. J'y parle à la première personne, c'est vrai, mais cela ne signifie pas que je raconte ma vie. **Ce n'est pas une autobiographie. C'est une œuvre de narration stylisée, un roman hybride, ancré dans l'observation, le sarcasme et l'analyse sociale.**

Le **trolling**, qu'il soit dérangeant, cruel ou malpoli, **n'est pas un délit.** Ce mot est utilisé ici dans son sens large : dérégler les codes, déranger les puissants, retourner les discours, manipuler les symboles. **Le trolling n'est pas interdit par la loi.** Le harcèlement l'est. La nuance est capitale. Ce livre, justement, en trace la frontière.

Certains passages abordent des techniques de manipulation psychologique, de brouillage d'identité, ou de pression privée. D'autres évoquent la manière dont on infiltre un groupe, comment on lit une pièce sans y parler. **Mais rien ici n'est conçu pour nuire.** Le but, au contraire, est de comprendre ces mécaniques pour **s'en protéger, les repérer, les nommer. Le délit de manipulation mentale n'existe pas**, et c'est justement pour cela que tant de gens tombent dedans sans le savoir.

Les informations techniques que vous trouverez dans ces pages sont toutes **accessibles publiquement**, parfois même sur des moteurs de recherche ou via une requête à une IA. Ce que je fais ici, c'est **connecter les points**, donner une cohérence à un univers souvent ignoré ou mal compris. **Rendre visible ce qui se passe dans l'ombre.** Et, parfois, **jouer avec les limites de la narration pour secouer les certitudes.**

Enfin, il fallait que ce récit soit crédible, viscéral, incarné. Si je veux qu'on le lise, je dois faire croire que tout est vrai, même si ce ne l'est pas. **C'est la règle du jeu. Et c'est aussi ça, la littérature.**

Alors, lisez. Interrogez. Doutez. Cherchez les vérités cachées entre les lignes, ou les fictions trop bien ficelées pour ne pas vous troubler. Prenez ce livre comme vous voulez : comme un témoignage, un jeu de rôles, une autopsie sociale ou un roman tordu.

Mais ne cherchez pas à m'attaquer. Parce qu'à force de vouloir faire tomber le masque... vous pourriez découvrir qu'il n'y avait peut-être jamais personne derrière. Ou pire : que c'était vous et sachez qu'il ne faut jamais attaquer un Troll 😈.

PROLOGUE

Je m'appelle Stéphane Renard. Cinquante piges, dont trente-sept passées à traîner entre les câbles, les codes et les zones grises. J'ai grandi avec des machines, pas des réseaux sociaux. Des vraies. Des qui pèsent, des qui plantent, des qui te font galérer une nuit entière pour afficher une image en 16 couleurs. J'ai connu les claviers durs, les lignes de code en assembleur, le silence électrique des pièces sans lumière. J'ai connu le monde d'avant la surveillance, d'avant les likes, d'avant les signalements. J'ai grandi dans le numérique comme d'autres dans la rue : par nécessité, par instinct, par dégoût du monde.

Ce livre, ce n'est pas une autobiographie. J'en ai rien à foutre de raconter ma vie en entier. Je suis pas là pour que tu m'aimes, ni pour que tu me comprennes. Ce que tu dois savoir, c'est que j'étais là quand tout a commencé, que j'ai vu le Net avant qu'il ne devienne ce parc à thème pour influenceurs dépressifs et consultants sous coke. J'ai vu les mots devenir des armes, les pseudos se transformer en entités, les insultes en stratégie, les rires en balles perdues.

Ce que tu tiens entre les mains, c'est un manuel de guerre sociale. Un livre sur les trolls, les hackers, les saboteurs doux, ceux qui cassent les codes, qui pourrissent les fils de discussion, qui démolissent des réputations en quelques caractères. C'est une plongée dans un monde qui n'a jamais été propre, jamais poli, jamais cordial. Un monde qu'on préfère ignorer parce qu'il fait peur, parce qu'il dérange, parce qu'il montre à quel point tout ça peut basculer en un clic.

Est-ce que j'en fais partie ? J'en sais rien. Disons que je suis un témoin informé. Disons que j'ai toujours su où regarder. Disons que si tu veux comprendre les trolls, vaudrait mieux m'écouter.

Parce qu'un bon troll ne s'annonce jamais comme tel. Il te prend à revers. Il sourit. Il écoute. Il sait exactement quand enfoncer la lame. C'est pas une brute. C'est un chirurgien du malaise. Un esthète du bordel. Et moi, j'ai passé ma vie à les observer, à les comprendre, à les voir grandir, évoluer, muter.

J'ai connu le bruit du modem 56k comme une berceuse. Le Minitel comme terrain de jeu sexuel et sociologique. J'ai vu les pédos rôder sur IRC, planqués derrière des pseudos sucrés, bien avant que les flics sachent comment allumer un ordi. J'ai vu des potes tomber, perquis en pleine nuit, machines embarquées, gueules défaites. À l'époque, on pensait être seuls, intouchables, mais les murs se rapprochaient déjà.

J'ai codé en assembleur avant de savoir ce que c'était que "monétiser". J'ai balancé des intros sur des jeux crackés avant que le mot "start-up" ne pollue toutes les bouches. J'ai vu des forums devenir des camps de bataille. J'ai vu des identités s'effondrer en plein jour. J'ai vu des vies bousillées à cause d'un message mal placé. Et j'ai vu des mecs se reconstruire dans le sarcasme, dans le chaos, dans l'art du trolling.

Parce que oui, c'est un art. Faut savoir viser. Faut savoir frapper juste. Pas trop fort, pas trop tôt. Juste ce qu'il faut pour faire trembler. C'est pas juste insulter. C'est retourner la situation, faire péter les certitudes, rendre fou avec un smiley. Et dans un monde où tout est calibré, marketé, bienveillant jusqu'au vomi, le troll, c'est celui qui rappelle que le chaos existe encore.

J'ai vu des mômes débarquer dans une room à 15 piges, fragiles, invisibles, le pseudo tremblant. Et 15 ans plus tard, les retrouver patrons du salon, administrateurs de l'enfer, distributeurs d'humiliation à la chaîne. J'ai vu des profils passer de no name à demi-dieu du clavier. Pas besoin de diplôme, pas besoin de CV. Le mérite se gagne à coups de vannes bien placées, de stratégies tordues, de silences bien menés.

Ça fait trente-sept ans que je parle avec certains types, presque tous les jours, et je ne sais pas à quoi ils ressemblent. Pas un visage. Pas une photo. Rien. Juste une voix, un pseudo, une présence. Et pourtant, je leur confierais ma vie avant même de filer mes codes à un collègue. On a traversé des incendies ensemble, des bannissements, des fuites, des doxx, des serveurs down, des trahisons, des renaissances. C'est une fraternité toxique, mais réelle.

J'ai eu des copines dans ce monde-là. Pas des profils Tinder aux filtres tremblants. Des vraies bombes. Des meufs qui connaissent la règle du jeu, qui savent que la séduction, c'est une arme. Elles faisaient partie de la team. Leur seul objectif ? S'attacher aux types, les faire parler, les faire fantasmer, leur arracher des secrets, des photos, des aveux. Et une fois la prise en main faite, le mec devient un pantin. Il tient tout seul sur les ficelles qu'on lui a glissées dans la tête.

Faut pas croire que c'est un jeu d'ados attardés. Être un troll, un vrai, c'est pas une crise d'adolescence qui s'éternise. C'est une activité à plein temps. C'est une science molle et sale, une forme de politique sauvage. On peut désorganiser, faire paniquer, retourner des dynamiques de groupe, griller des réputations, détruire des egos comme on écrase une clope au bord d'un trottoir. C'est de ça que je vais vous parler.

Pas du troll marrant à casquette Pikachu sur TikTok. Pas des commentaires débiles à base de "ok boomer" ou "ratio L+". Non. Je vais vous parler du troll qui fait mal, qui sait exactement ce qu'il fait, qui attaque au niveau de l'âme, qui connaît tes points faibles mieux que ta psy. Celui qui te déstabilise sans jamais hausser le ton. Celui qui peut foutre une boîte en l'air, briser une carrière, pousser à la déconnexion, juste pour le plaisir de voir le système trembler.

Le troll, c'est le dernier résidu de liberté brutale dans un monde qui pue la norme et la prudence. C'est le doigt d'honneur numérique. C'est le sale gosse qui a grandi, et qui a décidé que le chaos était un projet politique.

Je ne parle pas ici des trolls crasseux qui harcèlent des inconnues à trois heures du mat parce qu'ils ont jamais su parler à une fille en face. Je parle pas de ceux qui tapent au hasard, qui s'en prennent aux fragiles, qui s'enflamment sur une faute d'orthographe ou un décolleté. Ceux-là, c'est pas des trolls. C'est des minables, des parasites du système, des déchets qui utilisent l'anonymat pour faire exister leur néant.

Moi, ce que je vais vous raconter, c'est autre chose.

Je vais vous parler des trolls qui visent des saloperies. Des vrais. Des structures moisies. Des figures publiques qui attisent la haine et qui pensent être intouchables. Des institutions pourries. Je vais vous parler de ceux qui ne trollent pas pour exister, mais pour corriger, dérégler, exposer, punir.

J'ai jamais vu une personne vraiment bien se faire démonter gratuitement. Les gens se mettent toujours dans la sauce eux-mêmes. À force de s'exposer, de la ramener, de se croire invincibles. À force de s'étaler en public comme si le monde entier avait besoin de leurs opinions, de leurs certitudes, de leur fausse lumière. C'est pas la justice qui les rattrape, c'est leur putain de vanité. Ils se donnent en spectacle, ils tendent la joue, ils déroulent la corde. Et après ils s'étonnent de se faire pendre.

Alors oui, je vais aussi parler un peu de technique. Pas de la technique bullshit des mecs qui font des carrousels sur LinkedIn avec des polices pastel et des punchlines creuses. Pas des "experts" qui n'ont jamais codé une ligne, mais qui te parlent de Cyber comme s'ils avaient réinventé l'humanité.

Pas ceux qui écrivent "Stratège cybersécurité" dans leur bio sur Linkedin et qui s'auto-like dans des groupes d'influence où chacun commente chez l'autre pour booster sa visibilité, des fermes de vanité pour cadres sous Prozac.

Non, moi je parle de la vraie technique. Celle qui ne s'affiche pas. Celle qui n'a pas besoin de validation sociale. Celle qui débranche un serveur en silence, qui récupère un accès sans forcer la serrure, qui modifie une dynamique de groupe sans que personne ne comprenne pourquoi tout le monde se déteste d'un coup. Je parle d'un savoir qui ne se monnaye pas en conf'.

Je parle de scripts écrits à la main, de profils montés avec patience, de réseaux tissés dans le noir. Je parle de l'underground, du vrai. Pas celui des buzzwords, celui du chaos organisé. Je vais pas te parler d'anonymat sauce expert sécu de Linkedin.

Pas de VPN, pas de navigateur en oignon, pas de conseils tièdes de types qui sortent d'un bootcamp en cybersécurité et pensent que masquer leur IP suffit à disparaître.

Je vais pas non plus te répéter que Telegram, c'est "secure". C'est secure jusqu'à ce que ça l'est plus. Et souvent, c'est toi le maillon faible. Alors on pose les bases.

Tu veux activer un compte Telegram proprement ? T'as qu'une seule option : sacrifier un téléphone.

Un vrai. Pas une simple carte SIM. Un appareil que tu n'utiliseras qu'une seule fois, et que tu balanceras à la poubelle juste après. Rien ne t'appartient dans cette opération : ni le mobile, ni le numéro, ni le chargeur. Tout doit disparaître.

Parce que quand tu actives ton compte Telegram, c'est pas juste un petit code SMS qu'ils t'envoient pour faire genre.
C'est ton appareil entier qu'ils enregistrent. Ton IMEI. Ton modèle. Ton adresse MAC. Ton réseau. La version de ton OS.
Et toutes les données qu'ils peuvent gratter sur ton environnement au moment où tu tapes ce foutu code.
C'est pour ça qu'ils t'obligent à passer par l'appli mobile.
Pas pour te faciliter la vie. Pour choper ta vie.

Et comme tous les autres WhatsApp, Signal etc... ça commence toujours pareil : un SMS, un téléphone, et toi qui crois que c'est juste "le temps d'activer". Mais ce moment-là, il laisse une trace. Et cette trace, tu ne peux pas la nettoyer après coup.

C'est pourquoi le téléphone utilisé pour activer ton compte, il est mort-né. Tu le démarres. Tu insères une carte SIM achetée discrètement, parfois en ligne, parfois en cash. Tu reçois ton code. Tu valides. Tu retires la SIM.

Et le téléphone finit dans une benne. Littéralement. Tu ne le rallumes plus. Tu ne le réinitialises pas. Tu l'oublies.
Il est là pour une mission unique. Et son existence s'arrête juste après. Ça paraît extrême. Mais ceux qui savent, savent.

Et si tu veux vraiment comprendre ce que les flics peuvent remonter ou pas, y'a deux sources fiables. Deux, pas une.

Soit tu connais des flics. Les vrais. Ceux qui font les réquisitions, pas ceux qui tweetent.
Soit tu connais des mecs qui ont des procédures ouvertes. Des types qui savent exactement ce que les autorités ont été

capables d'exploiter.

Tu compares. Tu croises les infos. Tu vois très vite quelles plateformes collaborent, dans quels délais, sous quelles conditions, et surtout ce qu'on arrive à judiciariser ou pas.

Et si par hasard, t'as accès aux deux camps les condés et les mecs qui tombent alors là, t'as le tableau complet. Tu sais où ça passe. Tu sais où ça casse. Et tu sais comment te déplacer sans laisser de traces, dans un monde où tout est pisté.

Les flics, parlons-en. Faut arrêter de croire que c'est l'ennemi ultime du troll. C'est fini cette époque où c'était les keufs contre les pirates. Aujourd'hui, les flics sont devenus des trolls eux aussi. Ils n'ont pas eu le choix. Ils ont dû évoluer, muter, s'adapter. Tu veux choper quelqu'un qui vit planqué dans un salon Telegram fermé ? Tu fais pas ça en mettant un uniforme. Tu fais ça en parlant la langue, en mimant le rythme, en balançant des memes.

Les meilleurs d'entre eux, je te le dis clairement : je leur mets un 18/20 en trolling. Ils ont pigé comment gagner la confiance en apprenant les codes. Ils savent entrer dans une communauté, sentir l'ambiance, lâcher la bonne vanne au bon moment, capturer les signes faibles, repérer les leaders d'opinion. C'est pas du flair, c'est de l'entraînement, de l'observation, de la technique. Tout troll expérimenté a déjà eu une discussion avec ce qu'on appelle dans le jargon un "FED". Un type bien planqué derrière un pseudo, qui joue son rôle nickel. Parfois, tu le sens au bout de cinq minutes. Parfois jamais. Mais il est là, toujours. Il écoute, il note, il trie, il archive. Et faut pas croire que ça les emmerde, cette double vie. Psychologiquement, ça les fait marrer.

C'est toujours mieux, faut dire, que de se faire passer pour une gamine de 12 ans sur coco.fr(maintenant fermé) à discuter avec des pédos dans des salons dégueulasses pendant trois semaines. Là, on parle de trollage propre. De jeu cérébral. D'interaction à haut niveau. Et puis faut pas croire non plus qu'ils sont contre les leaks. Un leak balancé sur un forum dégueu ou sur un chan obscur ? C'est du pain béni pour eux. Pas besoin de réquisition. Pas besoin de procédure compliquée. Quelqu'un fait le sale boulot à leur place. Ils n'ont plus qu'à ramasser. À croiser. À remonter. Ce qu'ils n'ont pas le droit de faire directement, d'autres le feront pour eux. Et après, ils officialisent, ils judiciarisent. Proprement.

C'est ce qu'on a vu dans l'affaire Clearstream. Et dans tout ce qui a suivi. Les listings. Les redressements. Les dossiers politiques. Un écran de fumée par-dessus un écran de contrôle. Et si je vous disais que j'ai bossé dans la même boîte que la fille qui a sorti le listing ? Que je sortais à l'époque avec sa colocataire ? Qu'elle est encore sur mon LinkedIn, tranquille ? Vous me croiriez ? Ou vous préférez penser que tout ça, c'est du roman noir pour lecteurs parano ?

Moi je raconte. Je confirme rien. Je nie rien non plus. Je donne juste ce que j'ai peut être vu. Ce que j'ai peut être vécu. Ce que j'ai senti passer entre les lignes.

Aujourd'hui, tout est clean. Tout est lisse. Tout est flouté, modéré, contextualisé. On te demande ton avis, mais faut pas que tu débordes. On t'écoute, mais faut que tu causes avec le bon ton. Tu peux dire ce que tu veux, tant que ça rentre dans la charte. Mais à l'intérieur, dans les sous-sols du Web, dans les recoins oubliés, le feu couve encore. Et ceux qui savent l'allumer, ceux qui savent l'attiser, dirigent les ombres.

Ce livre parle d'eux. Et de vous. Et de nous tous.

Parce qu'on est tous un peu responsables de la merde dans laquelle on baigne. À force de tout vouloir simplifier, on a ouvert la porte aux plus vicieux. À force de vouloir "faire communauté", on a laissé les algorithmes décider qui parle, qui disparaît. On a troqué la rage contre la visibilité, la sincérité contre la conformité, la complexité contre la popularité.

Ici, je parle de trolling comme d'un art de vivre. Pas une blague à deux balles pour faire le malin sur Reddit. Non. Un vrai travail de sape. Une technique. Une forme de poésie méchante. Je parle de hacking social, de ces petites stratégies du quotidien qui permettent de faire plier un groupe, d'inverser un rapport de force, de retourner une situation sans jamais lever le ton. Je parle de prise de pouvoir douce, de manipulation émotionnelle, de pression psychologique à l'ancienne, sans IA, sans budget, juste avec de la finesse, de la haine et une mémoire longue comme un code hexadécimal.

Je parle aussi de solitude. Parce que derrière chaque troll, chaque pirate, chaque profil qui détruit un fil de discussion, y'a souvent un mec ou une meuf qui crève dans le silence. Qui a juste trouvé là un moyen de pas s'effondrer. De faire mal plutôt que de tomber. De mordre avant d'être bouffé.

Ce livre, c'est une cartographie du marécage. Un guide subjectif. Sale, imparfait, en colère. Mais utile, je crois. Pour comprendre ce qui se trame quand on vous dit que "tout est sous contrôle". Pour piger que sous le vernis du progrès, on a foutu le bordel. Que la révolution numérique n'a rien changé. Elle a juste déplacé les violences. Les coups ne se voient plus, mais ils cognent plus fort.

Alors voilà. Je n'ai pas la prétention de tout dire. Encore moins de tout savoir. Mais j'ai regardé. Longtemps. Et maintenant, je raconte.

Peut-être que tout ce que je raconte ici est vrai. Peut-être que c'est de la fiction. Peut-être que c'est un mélange des deux. Peut-être que j'invente. Ou peut-être que je me protège.

Parce qu'au fond, peu importe.

Ce qui compte, c'est que tout ce que vous allez lire pourrait exister. Et ça, c'est peut-être ce qu'il y a de plus flippant.

CHAPITRE 1

C'EST QUOI, UN TROLL ?

« Le monde entier est un théâtre, mais certains préfèrent foutre le feu aux coulisses. » Anonyme

Un troll, ce n'est pas ce qu'on croit. Ce n'est pas juste un abruti qui balance des "gros fragile" dans un thread Facebook avant de retourner jouer à Call of. Ce n'est pas un ado en colère qui cherche de l'attention parce que sa mère l'ignore et que son père ne l'a jamais regardé dans les yeux. Ce n'est pas non plus ce vieux con en phase terminale de frustration, planqué derrière une photo de Coluche et qui pense que la liberté d'expression, c'est pouvoir insulter tout le monde sans jamais assumer.

Un troll, un vrai, c'est un animal social dégénéré, une anomalie de l'écosystème numérique. C'est une créature qui comprend comment fonctionne la meute, et qui décide, délibérément, de la désorganiser. Pas par colère. Pas par jalousie. Par lucidité. Par goût du bordel. Par passion du déséquilibre.

Le troll ne cherche pas la reconnaissance, il ne veut pas ton respect. Il veut l'implosion. Il veut l'instant exact où ton vernis craque. Il veut voir ton sourire s'effondrer, ton verbe se casser, ta vérité devenir embarrassante. C'est un saboteur affectif, un démon rationnel, un connard raffiné. C'est pas un provocateur. Un provocateur cherche à être vu. Le troll, lui, veut que tu t'écroules sans même qu'on sache pourquoi.

Il balance une phrase et te laisse faire le reste. Il te regarde courir après ta crédibilité pendant que tu t'enterres. Il te pousse à te trahir toi-même, à révéler ta médiocrité, ton absence de nuance, ta foi aveugle en ta propre supériorité. Il n'a pas besoin d'élever la voix. Il te murmure un doute, il sème une contradiction, il répète trois fois la même vanne jusqu'à ce que tu t'effondres, nerveusement.

Un troll, c'est un gars « souvent », une meuf « parfois » , une entité floue de plus en plus. C'est pas un militant. C'est pas un révolté. C'est un technicien du chaos. Il sait comment on fait tourner un salon, un forum, un fil de discussion. Il connaît les dynamiques de groupe, les rapports de domination implicites, les effets de meute, les angles morts des admin qui veulent jouer à la démocratie modérée. Il ne respecte aucune autorité, sauf celle qu'il peut manipuler.

Il peut jouer le con, l'ignorant, le fragile, le beauf, le woke, l'incel, le coach, le mec de droite, de gauche, du milieu. Il est tout, il est rien. Il est toi, mais en miroir déformant. Il entre dans un espace, et très vite, tout se tend. Les certitudes vacillent. Les alliances se reconfigurent. Il fait exploser les règles sans avoir à les enfreindre. Il pose des questions que personne ne veut poser. Il cite des trucs que personne ne veut entendre. Il parle comme toi, mais ça te dérange.

Parce que le troll, ce n'est pas un militant. Ce n'est pas un engagé. Ce n'est pas un porte-drapeau. Il n'est pas là pour représenter une cause, une bannière, une orientation politique. Il sait que la connerie est équitablement répartie entre tous les camps. Il a vu des beaufs de gauche, des poètes d'extrême droite, des féministes toxiques, des réacs victimes, des humanistes sadiques, et des wokistes qui rêvent de dictature douce. Il sait que le monde est rempli de gens pleins de principes et vides de lucidité.

Il sait que la bêtise, la vraie, ne porte pas de couleur. Elle s'infiltre partout. Elle s'habille comme toi, elle parle comme toi, elle vote parfois comme toi. Et c'est justement là que le troll attaque : quand tu crois que tu es du bon côté.

Il ne déteste pas un camp plus qu'un autre. Il cherche juste la bonne viande. Celle qui saigne vite, celle qui sur-réagit, celle qui croit être intouchable parce qu'elle pense avec les bons hashtags. Il ne cherche pas à convaincre. Il cherche à éventrer les discours prémâchés. Il ne veut pas te rallier à une idéologie. Il veut te faire douter de la tienne.

Et ne vous y trompez pas : même sans drapeau, même sans parti, le troll fait de la politique. Parce que tout ce qu'on dit, tout ce qu'on écrit, tout ce qu'on partage est politique. Mais c'est une politique à l'envers, sans programme, sans candidat, sans lendemain. C'est la politique du grain de sable. Celle qui grippe la machine, qui pète les rouages trop bien huilés, qui flingue le confort moral avec trois lignes mal placées.

Le troll ne prend pas le pouvoir. Il ne le demande pas non plus. Il le conteste. Il le retourne comme un gant. Il le salit, le ridiculise, le pousse dans ses retranchements jusqu'à ce qu'il ne tienne plus que par réflexe autoritaire. Et c'est là qu'il rit. Pas fort. Pas longtemps. Mais avec précision.

Il te fait parler. Il te pousse à sortir du cadre. Il met en lumière ta propre servitude volontaire, celle que tu maquilles en vertu. Et il le fait en glissant. Sans te toucher. Juste en soufflant.

Il est le virus du consensus, le rot dans ton dîner de gala. Il est la mauvaise vanne dans ton thread engagé. Il est le fond sonore de ta bonne conscience qui craque. Et s'il rit de toi, c'est que tu as cru être à l'abri.

Le troll, c'est le dernier geste punk de l'ère numérique. Pas un résistant, non. Les résistants veulent sauver quelque chose. Le troll, lui, ne sauve rien. Il infiltre. Il infecte. Il s'infiltre dans les pores du système, et une fois dedans, il te le retourne. Ce n'est pas un saboteur au sens noble. C'est un saboteur sans drapeau, sans hymne, sans idéal. Il fout le feu juste pour voir comment ça brûle.

C'est un virus à forme humaine, un parasite social qui ne vient pas de nulle part. Il vient du système. Il en est le produit dérivé, la réaction chimique, le contrecoup imprévisible. Il y en a des vieux, bien sûr. Des gars qui ont vu naître les forums, traîné sur IRC à l'époque où Internet n'avait pas encore de règles. Ils ont connu les BBS piratés avec des callings cards américaines volées. Ils ont trollé sur Caramail, humilié sur Usenet, raidé des forums entiers sur Forumactif. Ils se souviennent des flame wars, des attaques coordonnées sur les chans de 4chan, des premiers doxxings faits à la main, à l'huile de crâne et à coup de Whois.

Mais ne t'y trompe pas. Le troll n'a pas d'âge. Aujourd'hui, certains des plus efficaces sont jeunes. Très jeunes. Ils ne connaissent même pas l'odeur du modem 56k, ils n'ont jamais attendu une image qui charge en 12 lignes. Ils n'ont pas vécu l'avant, mais ils ont grandi dans l'après. Dans le tout-connecté. Dans la dopamine des notifications, la violence des DM, le brouillard de TikTok, la guerre permanente de Twitter. Ils n'ont pas la nostalgie, mais ils ont l'instinct. Ils n'ont pas appris, ils sont nés avec.

Et ils sont souvent bien plus forts que leurs aînés.

Parce qu'ils n'ont aucune illusion. Parce qu'ils savent que l'algorithme est roi, que la punchline vaut plus que la vérité, que le monde est un théâtre et que le seul moyen de gagner, c'est d'écrire son propre rôle en direct. Ils sont nés dans le bruit, dans le clash, dans l'exposition permanente. Ils savent ce que ça coûte de se montrer. Et ils savent parfaitement comment te faire tomber sans jamais se dévoiler.

Le troll moderne, il peut être un ado de 14 ans qui retourne ton serveur Discord comme un gant en 2 jours. Un mec de 17 ans qui se fait passer pour une meuf sur Telegram pour obtenir ce qu'il veut. Une nana de 20 ans qui fait exploser un groupe de 2000 personnes avec un seul message vocal compromettant. Et toi, pendant ce temps, tu crois encore à la bonne volonté collective.

Mais qu'on soit bien clairs.

Le troll, le vrai troll, celui dont je parle ici, n'est pas un harceleur. Et il est important de poser ça noir sur blanc, parce qu'à force de confondre les termes, on a fini par tout salir.

Un troll n'est pas ce mec rincé qui passe ses nuits à créer des faux comptes pour aller stalker une meuf qui l'a ghosté.
Un troll n'est pas ce gamin en chien qui insulte une fille en commentaire parce qu'elle a refusé de lui répondre. Un troll n'est pas ce pseudo-mâle en crise qui balance des messages vocaux rageux à 4h du matin, entre deux captures d'écran pathétiques. Un troll, ce n'est pas non plus cette meuf jalouse qui organise un lynchage en DM parce qu'une autre a pris un peu trop la lumière.

Tout ça, c'est du harcèlement. Et le harcèlement, c'est pas du trolling. C'est de la lâcheté collective. De la frustration en meute. De la merde affective recyclée en haine de bas étage. C'est confondre pouvoir et panique. C'est frapper plus faible pour se sentir plus fort.

Le vrai troll n'a aucun intérêt pour ça. Il ne s'intéresse pas aux victimes faciles. Il ne s'acharne pas sur les marginalisés, les meufs vulnérables, les types largués. Il ne se fait pas mousser sur le dos de ceux qui n'ont pas les moyens de répondre. Il n'a aucun goût pour l'effet de meute, pour le spectacle de la souffrance facile, pour le lynchage public à base de likes vengeurs.

Le vrai troll, celui que je reconnais, il vise plus haut. Pas parce qu'il est un héros. Il n'a rien d'un chevalier blanc. Il se fout de sauver qui que ce soit. Mais l'arrogance le démange. L'abus de pouvoir l'exaspère. La frime l'irrite.

Il déteste les dominants tranquilles, les experts autoproclamés, les gens trop sûrs d'eux, ceux qui imposent leur vision du monde en boucle comme s'ils avaient avalé Wikipédia sous extasy. Il vise les certitudes, pas les hésitations. Il attaque la façade, pas la faille. Il ne tape pas dans le tas. Il choisit ses cibles. Il prend le temps. Il observe. Et il tire quand c'est prêt.

Oui, il peut être violent. Oui, il peut être cruel. Il peut démonter une posture en trois phrases sans jamais hausser le ton. Mais ce n'est jamais gratuit. Ce n'est jamais pour faire mal à quelqu'un qui n'a rien demandé. C'est pour déséquilibrer le système. Pour faire vaciller le discours. Pour foutre le bordel là où tout semble trop bien rodé.

Il n'est pas un militant. Il ne revendique rien. Il n'est pas un bourreau. Il ne prend aucun plaisir à voir quelqu'un s'effondrer sans raison. Il est un régulateur sauvage. Un empêcheur de dominer en rond. Un saboteur discret qui vient foutre en l'air ton storytelling d'influenceur à deux balles.

Alors non, si t'as passé ton mois de juillet à insulter une meuf sur Insta parce qu'elle t'a ghosté, t'es pas un troll. T'es juste un harceleur. Un connard. Un loser. Et c'est pas de toi qu'on va parler ici. Toi, on te laisse aux modérateurs. Aux signalements. Aux tribunaux. Le livre que t'as entre les mains, il est trop haut pour toi.

Le troll, qu'il soit vieux de guerre ou né avec Snapchat dans les veines, il est là. Il observe. Il infiltre. Il provoque, jamais frontalement. Il appuie, il teste, il attend. Il s'adapte. Et quand il frappe, c'est chirurgical. Pas besoin de botnet, de malware ou de deepfake. Juste une phrase. Juste une faille. Juste une vibration dans le ton.

« Il ne hacke pas ton PC. Il hack ton ego. »

Un troll, ça calcule. Ça observe. Ça attend. Et quand ça frappe, c'est pour la chute, pas pour le clash. Il ne cherche pas à t'humilier, il veut que tu t'humilies toi-même. C'est là toute la finesse. C'est un sadique élégant, un marionnettiste social, un dresseur d'ego.

Il ne s'excuse jamais. Il ne s'explique pas. Il peut disparaître deux ans comme une ombre, puis revenir sous un autre pseudo, avec une autre voix, une autre méthode. Rien n'est laissé au hasard, sauf l'apparence du désordre. Il n'a pas de nom. Il n'a pas de visage. Il a mieux que ça : une stratégie.

Il vit dans le long terme. Il n'est pas dans l'instant, dans le like, dans le "vu". Il archive. Il garde les captures d'écran. Il stocke les humiliations que tu as oubliées, les aveux à demi-mot, les incohérences que tu n'assumes pas. Il note tout. Il connaît tes angles morts, ton rythme, ton vocabulaire, tes baisses de régime. Il est capable de deviner ton état mental à travers trois messages postés un jeudi soir. Il connaît tes fragilités, parce que tu les as données toi-même, sans même t'en rendre compte.

Et surtout, il stocke. Mais jamais là où tu irais chercher. Pas sur un disque dur, pas dans un cloud lié à son adresse IP, pas dans une appli de gestion de mots de passe qui envoie des notifications "Votre sécurité est importante pour nous". Non. Les dossiers sont éparpillés, cryptés, placés sur des serveurs à l'étranger, parfois chinois, parfois sur des infrastructures "oubliées" par les grandes puissances occidentales. Des zones grises numériques, où ni Interpol ni la CNIL ne mettent les pieds. Rien de centralisé. Tout est redondant, éclaté, volontairement bordélique mais parfaitement maîtrisé. Une structure paranoïaque, pensée pour survivre aux descentes et aux formatages d'urgence.

Les identifiants ? Ils sont dans sa tête. Ou dissimulés dans un code logique qu'il est seul à comprendre. Les petits carnets noirs, les post-its dans le tiroir du bureau, les gestionnaires de mots de passe sécurisés ? C'est pour les boomers qui pensent encore qu'un mot de passe "fort" les protège de l'État.

Parce qu'aujourd'hui, on peut t'obliger à les donner, tes accès. C'est légal. Tu crois encore que ton visage t'appartient ? Imagine-toi en garde à vue. T'es assis sur une chaise, menotté. Le flic te regarde en souriant, il approche ton iPhone de ta gueule, et hop, reconnaissance faciale. L'appareil se déverrouille. Tu regardes, impuissant, pendant qu'il fait défiler tes messages, tes contacts, tes notes, tes photos. Le progrès, c'est ça : t'as payé mille balles un téléphone pour que l'État puisse l'ouvrir sans ton accord, juste avec ta face endormie.

Le troll, lui, il n'active pas Face ID. Il ne met rien sur son téléphone. Le téléphone, il est jetable, sacrificiel, déjà prévu pour finir dans une poubelle ou un fleuve. Il sait que l'arme, ce n'est pas l'appareil. C'est l'invisibilité. La dispersion. L'absence de traces lisibles. Il peut tout reconstruire depuis n'importe quel ordi, mais personne ne peut remonter jusqu'à lui.

Il est là, partout et nulle part.
Et quand il se tait, ce n'est pas qu'il a disparu.
C'est qu'il t'écoute.

On dit souvent qu'il ne faut pas nourrir les trolls. Mais les trolls ne mangent pas ce que tu leur donnes. Ils se nourrissent de ce que tu caches. Ce ne sont pas des clowns, ce sont des chirurgiens. Ils opèrent à vif, sans anesthésie. Ils ne veulent pas ton mal, ils veulent ta vérité. Et quand elle arrive, nue, tremblante, bancale, ils s'en vont. Mission accomplie.

Un troll ne cherche pas la solution. Il cherche la tension. Il n'a pas de camp, sauf celui qu'il peut retourner. Il n'a pas d'amis, sauf ceux qu'il peut utiliser. Il ne croit pas à la paix sociale, à la bienveillance, à la "communication non violente". Il croit à la friction, au déséquilibre, à l'instant où tout se dérègle et où le réel surgit.

Et si tu crois qu'il fait ça pour le fun, pour "troller" comme disent les chroniqueurs en plateau, t'as rien compris. Le troll, le vrai, c'est un engagement. Une discipline. Une posture. Un boulot à temps partiel, parfois à plein temps, rarement payé, souvent solitaire. Mais jamais gratuit.

C'est pas une lubie d'ado en manque d'attention. C'est un art noir, un style de combat, un refus catégorique d'adhérer au cirque moral, aux narratifs préfabriqués, aux indignations de commande.

Alors non, ce n'est pas un métier. Pas officiellement. Pas reconnu. Pas valorisé. C'est pas une case à cocher sur LinkedIn, ni un diplôme à encadrer. Mais dans un monde où les algorithmes choisissent ce que tu lis, où les politiques te parlent comme à un enfant débile sous Ritaline, et où les influenceurs te fourguent leur dernier code promo pour que tu deviennes "la meilleure version de toi-même" en achetant une gourde connectée, être troll, c'est peut-être tout ce qu'il reste de vivant.

Un dernier souffle de rébellion.
Un doigt dans l'engrenage.
Un rire sale dans une salle trop propre.
Et peut-être aussi…
Le seul moyen de ne pas crever idiot,
ni complice.

CHAPITRE 2

LE THÉÂTRE DE GUERRE : TERRAINS, PLATEFORMES ET MÉTHODES

"Un bon troll, c'est un scalpel avec une gueule de cuillère. » Auteur anonyme, probablement banni.

Le troll ne flotte pas dans le vide. Il a besoin de chair, de friction, de matière à foutre en l'air. Il ne vit pas dans un concept abstrait. Il lui faut un terrain. Un ring. Un groupe à faire vaciller. Il agit là où les gens parlent trop. Où les égos gonflent comme des baudruches. Où l'apparence prend toute la place. Parce que c'est là que ça pète. Il ne vient pas pour participer. Il vient pour foutre le feu dans la vitrine. Il agit dans des arènes numériques. Et ces arènes, il les connaît par cœur.

IRC. Les forums poussiéreux. Les groupes Usenet, les ancêtres. Puis Discord, Twitter, Telegram, commentaires YouTube, Subreddits, Facebook fermé mais jamais vraiment.

Des plateformes. Des salons. Des apps. Des zones molles où l'on cause, où l'on s'évalue, où l'on se regarde mutuellement se pavaner comme des dindes prêtes pour l'abattoir. Chaque endroit est une planque. Une cour de récré détraquée. Une salle d'attente où l'ego des uns attend l'approbation des autres. Chaque espace est un champ de bataille, avec ses propres règles, ses propres failles, ses points de rupture.

Et c'est là que le troll s'installe. Il ne rentre pas avec des bottes. Il s'infiltre. Il scanne, il jauge. Il prend la température. Il apprend les codes, les alliances, les lignes rouges. Il repère les petits chefs et les suiveurs en chaleur. Il sent les faiblesses. Il voit les fractures. Il sait comment tordre les dynamiques de pouvoir. Comment faire tomber les masques sans même les toucher.

Chaque plateforme a ses failles. Et lui, il les gratte avec la précision d'un scalpel et la dégueulasserie d'un clodo en manque. Sur Telegram, il plante des bombes à retardement. Sur Discord, il infiltre les salons privés et manipule les modérateurs. Sur Twitter, il balance des vannes qui font exploser les bulles d'entre-soi. Sur les forums, il joue le con jusqu'à ce qu'on lui donne les clefs. Partout, il écoute plus qu'il ne parle. Jusqu'au moment où il frappe. Et quand il frappe, il fout pas juste le bordel.

Il réécrit les règles. Il met tout le monde mal à l'aise. Il fait flancher l'alpha. Il tend des pièges. Il fait imploser des groupes comme on fait sauter une boîte aux lettres. Il ne parle pas beaucoup. Mais quand il parle, c'est pour pourrir ton ordre. Il ne se montre pas. Mais quand il agit, tu t'en souviens pendant des semaines. Le troll, c'est pas un visiteur. C'est une contamination.

Le troll ne fonce pas dans le tas. Il n'attaque jamais à l'aveugle. Il ne balance pas ses cartouches au hasard. Il observe, d'abord. Longtemps. Parfois une semaine. Parfois un mois. Il reste dans l'ombre, planqué, en silence, pendant que les autres s'épuisent à débattre, à s'aimer, à se trahir.

Il analyse le terrain comme un sniper planqué sur un toit. Il regarde qui parle le plus, qui se tait, qui valide en boucle, qui envoie des emojis à la chaîne pour exister. Il étudie les dynamiques de groupe, les alliances implicites, les hiérarchies molles. Il regarde les bannissements. Il mesure l'espérance de vie d'un message un peu borderline. Il note les pseudos qui disparaissent en silence.

Il sait que certains salons sont verrouillés. Qu'un modérateur qui ban à foison, sans contradictoire, sans justification, c'est un mur. Ça ne vaut pas toujours le coup de s'y casser les dents. Il jauge. Il calcule les probabilités. Il sent si ça va tenir. Si la structure peut imploser. Si le leader peut tomber. Si la meute est prête à retourner sa veste à la moindre faiblesse.

Et surtout, il traque les faux amis, les alliés de circonstance, les soumis déguisés en rebelles. Ceux qu'on appelle, dans le jargon, les bêtas affamés. Des mecs prêts à tout pour prendre la place du chef. Ceux qui ricanent trop fort. Qui likent trop vite. Qui veulent grimper. Qui attendent juste qu'un alpha trébuche pour lui bouffer la gorge.

Le troll les voit avant tout le monde.

Il sait qui va trahir.
Il sait qui va suivre.

Il sait quand frapper.
Et surtout : il sait pourquoi.

(IRC, forums, BBS – la préhistoire du chaos numérique)

Avant que le web devienne un centre commercial où tout est propre, filtré et sponsorisé, y'avait l'enfer. L'Internet d'avant. Celui qui grattait. Qui puait. Qui saignait. IRC, les forums, les BBS. Des souterrains sans lumière. Pas de photos, pas de vidéos, pas de likes. Juste du texte. Et des gens qui savaient s'en servir.

Sur IRC, t'avais des trolls, des freaks, des poètes sales, des cinglés. Des gars cramés qui se prenaient pour Dieu. D'autres, plus calmes, qui parlaient comme des machines, qui balançaient des lignes de bash dans la discussion comme d'autres racontent leur week-end. Et au milieu de tout ça, des scripts, des bots, du code. À la fois crade et brillant.

T'avais de l'ignoble, ouais. Les pédos aussi, installés comme chez eux. Tranquilles, planqués dans des salons codés avec des noms anodins. Personne pour modérer. Personne pour interdire. Ils savaient où aller, comment parler, qui reconnaître. Tout le monde fermait sa gueule.

À cette époque, Numéricable venait d'arriver. Le haut débit, la révolution. Enfin "haut débit", façon de parler mais comparé aux modems 56k qui couinaient comme des cochons sous acide, c'était du velours. Ce que les gens savaient pas, c'est que tous les abonnés étaient branchés sur le même réseau local. Pas de routeur, pas de firewall, rien. Juste ta machine, branchée à poil sur la toile. T'étais nu, littéralement.

Avec un pote, on avait bricolé un petit script. Trois lignes à la con, pas besoin d'être Snowden.

Commande : `nbtstat -A [IP]`.

Tu scannais un IP sur le réseau Numéricable, et t'avais direct les partages Windows en clair.
Des disques durs entiers ouverts comme des placards sans porte. Les gens ne comprenaient rien à ce qu'ils faisaient. Ils téléchargeaient Emule et laissaient tout ouvert. Tu pouvais mater leurs fichiers, leurs photos de vacances, leurs MP3, leur CV, leurs brouillons de suicide. Tout.

Et un jour, je tombe sur un type chelou sur IRC.
Comportement bizarre. Il parlait mal. Il tournait autour. Pas net. Je lance le script sur son IP. Bingo. Je tombe pas sur un disque dur classique. Je tombe sur un réseau entier. Une école.

Et sur sa machine, à lui : que du contenu pédo. Que ça. Des répertoires avec des noms dégueulasses. Des trucs qui t'arrachent la cervelle. J'en ai encore le goût dans le fond de la gorge quand j'y repense.
Et là, je sais pas pourquoi, j'appelle les flics. Peut-être par dégoût. Peut-être pour me protéger. Mais à l'époque, y'avait rien pour te couvrir. Pas de statut de lanceur d'alerte. Si tu mettais le nez là-dedans, c'était pour ta gueule. Fallait pas trop traîner, ni trop parler.

Je leur explique, tranquille, le plus clean possible.
Je leur dis : faites ce que j'ai fait. Le mec est là, il est en ligne, vous avez son IP, son partage est ouvert, foncez. Et tu sais ce qu'ils me répondent ?

"Monsieur, on n'est pas la Gestapo. »

Voilà. Fin de l'histoire. Tu veux les aider, tu veux leur mâcher le boulot, et on te fait sentir que t'as trop vu, trop compris, que t'es toi-même suspect d'en savoir autant.

Alors ouais, IRC c'était dégueulasse. Mais parfois, dans la crasse, t'avais des vérités qui remontaient. Et quand tu les mettais sur la table, c'était toi le problème.

Mais malgré ce marécage, y'avait aussi une beauté crasse, une sorte de chaos utile. T'apprenais. À lire du code. À comprendre des architectures. À t'installer sur des shells, à faire tourner des bots, à détecter les scans, à te planquer. Y'avait des mecs de 16 piges qui te montraient comment coder un keylogger, et c'était pas un tuto YouTube. C'était brut. Écrit à la rage. Et ça marchait.

Tu pouvais passer d'un salon où ça parlait fisting à un autre où ça te balançait des scripts en Perl comme si c'était de la poésie. T'avais rien pour te repérer, et pourtant, c'était vivant.

Les forums, eux, c'était la guerre froide. Des règlements de compte à coups de pavés. Fallait écrire serré, argumenté, piquant. T'avais pas le droit à l'erreur. Une faute, une imprécision, et t'étais la cible pendant quinze pages. C'était humiliant. Formateur.

Les BBS, c'était l'underground total. Connexion au compte-goutte, texte qui clignote, et des archives entières de cracks, de manifestes codés, de fichiers douteux. Tu téléchargeais des trucs sans savoir s'ils allaient exploser ton disque dur ou t'ouvrir la porte d'un autre monde.

C'était sale, c'était dangereux, mais c'était libre. Pas safe. Pas gentil. Mais vivant. Brillant. Chaotique. Un truc qu'aucun putain de réseau social d'aujourd'hui ne pourra jamais simuler.

(Facebook, Reddit, 4chan, 9gag, jeuxvideo.com, Onche, avénoel - la viralité et la culture mème)

Puis tout s'est repeint. On est passés du squat au centre commercial. Du forum qui pue la clope au réseau social qui sent le gel hydroalcoolique.

Les plateformes ont évolué. Enfin, elles ont fermé leur gueule pour mieux contrôler la tienne. Un design plat, des règles en 10 points, des modérateurs qui jouent aux petits chefs derrière des avatars ronds.
Mais les trolls, eux, ont suivi. Ils se sont adaptés. Mieux que les autres. Plus vite. Plus crade. Plus souple.

Facebook, c'est le faux monde poli, la fausse vie des faux amis. Les groupes privés, les posts passifs-agressifs, les commentaires de darons frustrés. Mais même là, le troll rôde. Il balance une ligne en douce sous un post "pensées positives", et en 3 replies, ça se transforme en baston idéologique. Il parle comme tout le monde, sauf que ça explose à la fin.

Reddit, c'est le buffet à volonté de l'intelligence collective sous Xanax. Des subreddits pour tout, pour rien, pour niquer ta productivité à vie. Tu crois que c'est sérieux, argumenté, équilibré. Mais le troll, lui, passe entre les lignes. Il commente les commentaires. Il provoque la communauté contre elle-même. Il infiltre, il décale, il fout le bordel à petit feu. Il joue pas au jeu. Il joue avec les joueurs.

4chan, c'est le cloaque d'où tout est sorti. Pas d'identité. Pas de mémoire. Pas de morale. C'est là que les mèmes ont muté. Que les images de grenouilles tristes sont devenues des cris de guerre. Que les pires vannes sont devenues des slogans. C'est le bordel pur, le mal absolu, la blague qui tourne mal. Tu postes, tu jettes. Tu regardes le feu prendre.

9gag, c'est 4chan sous camisole. Le même humour, sans les dents. Un hospice à mèmes où les trolls fatigués recyclent leurs blagues de 2009 en espérant un dernier éclat. T'as l'impression d'être dans une maison de retraite pour shitposters. C'est gentil. Trop. Mais parfois, ça grince encore.

jeuxvideo.com. Lui, il mérite un chapitre entier. Mais on va faire court. À l'origine, t'avais le 15-18, la cour de récré virtuelle. Un espace d'ados mal rasés, chauds comme des braises, qui balançaient des horreurs en CAPSLOCK entre deux débats sur Call of Duty. C'était sale, oui. Cringe à souhait. Mais ça vivait. Et puis ils ont grandi.

Et c'est devenu le 18-25. Mais l'ambiance a pas changé. Juste le niveau de perversité. Sur jv.com, les trolls vieillissent. Mal. Mais ils sont toujours là. Plus cyniques. Moins naïfs. Ils ont connu les raids, les légendes locales, les banns massifs, les révélations, les descentes de police. Ils connaissent les failles du forum comme leur poche. Et quand ils postent, tu sens que c'est pas un premier troll. Tu sens la bouteille. Là-bas, la culture même est une langue maternelle. Le shitpost est une religion. Et le moindre débat peut se transformer en apocalypse textuelle à la moindre étincelle. C'est laid, c'est toxique, c'est addictif. C'est parfait.

Et quand t'as bien vomi ton 18-25, que t'en veux encore, que t'as envie de gratter plus bas, tu tombes sur **Onche**. Ou **Avenoel**. Les rejetons mutants. Des enfants illégitimes de jeuxvideo.com, nourris à l'acide, élevés au shitpost pur, lâchés sans laisse. Là, plus de filtre. Plus de limites. Tu peux poster une connerie à 4h du matin qui finirait un autre forum en procès collectif, et ici ça te vaut des upvotes et une médaille.

T'es pas dans la vanne gentille. T'es dans le feu nucléaire textuel. Tu peux rire, pleurer, ou vomir souvent les trois à la suite. Onche et Avenoel, c'est le terrain des hardcore. Pas de woke ici.
Pas de signalement. Tu viens armé ou tu repars en miettes. C'est pas forcément intelligent. Mais c'est sincère. Une sincérité dégueulasse, mais qui sent le vrai. Tu peux croiser un mec qui va sortir une punchline raciste, une insulte homophobe, une saloperie sur les morts du jour, et deux

secondes après te balancer un thread d'analyse ultra-fouillé sur un coup d'État oublié d'Amérique Latine.

C'est ça, Onche et Avenoel. Un foutoir anarchiste. Un labyrinthe mental où les trolls sont rois, reines, monstres, enfants. Ils parlent tous en langage codé, en gifs obscurs, en insultes détournées. Et si tu comprends pas, c'est que t'es pas invité. Les plateformes évoluent, oui. Mais parfois, elles régressent. Volontairement. Elles se foutent à poil, elles retirent les filtres, elles remettent les pieds dans la boue. Et les trolls, eux, adorent ça.

(Twitter/X, Discord, Telegram, TikTok... les nouveaux terrains de chasse)

Aujourd'hui, le terrain est tentaculaire. Y'a plus une seule pièce enfumée. Y'a un putain de centre commercial de la parole. Et partout, des trolls. Petits, gros, sales, beaux, spontanés ou sponsorisés. Certains jouent pour eux. D'autres bossent. Littéralement.

Twitter/X, c'est l'arène.

Le ring à ciel ouvert. T'es en public, à découvert, avec ton CV et ta gueule d'avatar. Mais les coups, eux, partent en anonyme. Tu crois débattre avec un type lambda ? C'est peut-être un attaché parlementaire sous pseudo. Un petit jeune en cravate qui balance ses punchlines en scred, puis retourne écrire la newsletter du parti. Ils te trollent en costard. Ils lâchent des petites phrases bien placées, bien piégées. Et derrière, t'as les militants sous ecsta qui like en meute.

Les gouvernements ont compris que le chaos, c'était pas à éviter. C'était à gérer. Alors ils ont intégré le troll dans leur stratégie. Ils le financent. Ils le nourrissent. Ils le pilotent à distance comme un drone.

Discord, c'est plus discret.

C'est l'arrière-salle, le PMU du numérique. Des petits serveurs, des grands réseaux, des loges semi-fermées. Tu crois que t'es entre potes, mais y'a toujours un mec qui screen. Un gars qui note les pseudos, qui archive les conversations. Parfois c'est un fed. Parfois un militant. Parfois juste un taré avec trop de temps libre. Mais c'est jamais safe. C'est pas le but.

Telegram, c'est la cave.

Là où tu fermes la porte, où tu verrouilles les fenêtres, et où tu balances les vraies saloperies. C'est là que les trolls organisés font leur cuisine. Tu peux y croiser un punk anarcho qui poste des stickers de chats en colère, un conspi qui prépare la guerre civile, ou un mec du cabinet de l'Éducation nationale qui balance sous pseudo que "les enseignants sont tous des planqués". Ils bossent dans le système. Et ils trollent le système. Pour le système.

TikTok, c'est autre chose.

C'est pas un terrain de texte, c'est un terrain d'images.
Mais le troll s'y est glissé aussi. Dans les trends, dans les duos, dans les vidéos faussement candides. Un clin d'œil mal

placé, un son bien choisi, et t'as un shitstorm déguisé en danse. C'est de la subversion pop, de la haine cute. Tu rigoles et t'as mal en même temps. C'est parfait.

Sur toutes ces plateformes, le troll doit s'adapter. Il change de peau, de ton, de stratégie. Il peut être frontal ou souterrain, bruyant ou camouflé. Il peut foutre un bordel monstre avec un mème, ou tout retourner avec une absence bien placée.

Et parmi eux, y'a les infiltrés. Les pro. Les trolls en chemise. Les militants déguisés en rageux, les communicants camouflés en shitposters. Ils sont payés pour ça. Et comme les pires salauds de l'histoire, ils font semblant d'être de ton côté pendant qu'ils te sabotent.

Adapter son comportement à la plateforme

(Troll visible vs troll souterrain, la tactique de survie du nuisible)

Le troll n'est pas con. Enfin... pas tous. Mais ceux dont je parle ici, ceux que je respecte, savent exactement où ils foutent les pieds. Ils ne se baladent pas sur internet comme des bourrins. Ils observent, ils testent, et surtout, ils s'adaptent. Parce qu'un bon troll, ce n'est pas un mec qui gueule dans le vide. C'est un putain de stratège. Un virus social avec une horloge suisse dans la tête.

Tu débarques pas sur Telegram comme sur TikTok. Tu ne trolles pas Reddit comme tu trolles Discord. Chaque plateforme a ses codes, ses zones grises, ses points faibles.

Sur certains terrains, faut être frontal. Charger, vomir, frapper fort. C'est le troll visible. Celui qui vient avec des bottes cloutées et qui balance un post comme un pavé dans une vitrine. Pas là pour durer, là pour choquer, allumer la mèche, faire péter la tension. Tu balances une vanne ignoble sous une vidéo de yoga, tu replies sous un thread militant avec un même bien trash. Tu te fais ban dans la minute ? Parfait. Tu réapparais ailleurs. Plus fourbe. Plus précis.

Mais le vrai troll, celui qui gratte profondément, il fait dans le souterrain. Il infiltre. Il parle comme tout le monde. Il se fond. Il like, il partage, il valide, il s'intègre. Et quand il est bien au chaud dans la tête du groupe, il commence à distordre. Un mot de travers. Une question bizarre. Une affirmation fausse mais crédible. Un soutien ambigu. Et le bordel commence. Les gens s'embrouillent entre eux. Toi, t'es même plus dans la pièce.

C'est de l'art. T'as rien vu, mais t'es déjà en train de douter de ton pote. Le troll souterrain, c'est pas une brute. C'est un scalpel. Il sait que le vrai chaos vient pas du bruit. Il vient du doute. De la fissure. De la pression douce, continue, invisible.

Et il sait que sur certaines plateformes, le bannissement est immédiat. Pas de deuxième chance. Un faux pas et tu dégages. Alors il joue comme un diplomate. Langage corporate. Formulations neutres. "Je pose juste une question." "Je comprends ton point de vue, mais..." "Tu ne penses pas que..." C'est là que ça devient brillant. Parce que tu peux pas le bloquer sans te décrédibiliser. Tu peux pas l'ignorer sans lui donner raison. Il devient ton écho déformant. Ton miroir cassé. Il parle comme toi. Mais toi, tu te reconnais pas. Et c'est ça qui te rend dingue.

Alors ouais, faut pas croire que le troll, c'est un bourrin qui débarque n'importe où pour tout cramer. Faut pas croire que c'est juste un mec relou planqué derrière un pseudo avec un vieux mème moisi. Le vrai troll, c'est un animal tactique. Il capte l'ambiance, la température, la gueule du terrain. Il lit la salle. Il écoute. Il attend. Et quand il frappe, c'est pas parce qu'il s'est emporté. C'est parce qu'il a vu une faille, une brèche, un nœud à péter. Il sait que sur certains réseaux, il faut hurler pour exister. Et que sur d'autres, il suffit de chuchoter au bon moment pour tout faire imploser.

Il se déguise. Il change de masque. Il joue les alliés pour mieux tout retourner. Il peut être dans la lumière ou dans les ombres. Solo ou en meute. Frontal ou insidieux. Mais toujours avec un seul objectif : faire dériver l'espace. Le tordre. Le déséquilibrer juste assez pour que les vérités de surface craquent. Et que les gens, les beaux parleurs, les petits chefs, les influenceurs, les militants ou les fragiles, soient forcés de se regarder autrement.

À la fin, c'est pas le plus bruyant qui gagne. C'est celui qu'on n'a pas vu venir. Celui qui est passé par les failles du système comme un cafard numérique. Celui qui a parlé ta langue jusqu'à t'en faire douter. Celui qui a foutu le feu... sans jamais toucher une allumette.

CHAPITRE 3

L'HYGIÈNE NUMÉRIQUE DU NUISIBLE

« Dire que tu te fiches de la vie privée parce que tu n'as
rien à cacher, c'est comme dire que tu te fiches de la
liberté d'expression parce que tu n'as rien à dire.
Edward Snowden »

Identité numérique floue ou fractale. (Ce que t'es n'a aucune importance. Ce que tu laisses filtrer, par contre, c'est mortel.)

Tu veux rester libre ? Commence par disparaître. Ou plutôt, par ne jamais apparaître correctement.

Le plus gros piège, c'est l'identité banale. Le mec ou la meuf qui veut "rester discret" mais qui, en deux messages, a déjà balancé son prénom, son âge, une passion, une région et une opinion politique. T'as même pas eu le temps de pisser que l'algorithme peut déjà le recroiser sur Facebook, Instagram, Doctissimo, LinkedIn, Tinder, et potentiellement dans un fichier de clients Fnac ou dans les réquisitions d'un juge d'instruction.

T'as 30 ans, tu t'appelles Julien, t'habites à Metz, tu parles comme un gars, t'as dit que t'étais fan de course à pied, et tu postes une vanne sur Discord ? C'est plié. Le combo prénom + sexe + tranche d'âge + ville + passion, c'est une empreinte. Une trace ADN dans le marécage.

Tu crois que t'as rien dit ? Tu viens de donner l'équivalent d'un dossier RH. Tu penses que "j'aime bien les romans noirs", "je fais un peu de moto", "je collectionne les vinyles" c'est anodin ? Pour un fed, c'est l'entonnoir parfait. Avec ton âge, ton prénom, ta ville, et deux hobbies, il peut diviser la liste des suspects par cent. Ce que t'aimes, ce que t'écoutes, ce que tu lis, ce que tu cuisines le dimanche, ça te flingue plus sûrement qu'un selfie.

Le troll, le vrai, ne donne rien. Ni âge, ni sexe, ni prénom. Il flotte. Il s'invente. Il ment. Il change. Il peut être une ado, un vieux prof aigri, une cougar paumée ou un mec random de province. Il brouille les pistes parce que ce n'est pas de l'ego, c'est de la survie.

Même la région, tu fais gaffe. Tu dis "Sud", "l'Est", "grande couronne", "rien de fou", "un coin paumé", mais tu ne dis jamais Marseille, Rennes ou Montreuil. Trop risqué. Trop précis. Trop toi.

Les photos ? Tu rêves. Pas de fond d'écran identifiable. Pas d'intérieur. Pas de rideaux Ikea. Pas de lampe design. Une photo d'un meuble, d'un mur, d'un sol, ça suffit à t'identifier aujourd'hui. T'es con ou quoi ? On est pas dans un journal intime. On est dans un putain de monde où chaque détail est une pièce à conviction.

Le pseudo ? Pas ton blaze IRL. Pas le même que sur ton ancien compte Insta. Pas une référence à ton film préféré. Pas un truc que tu pourrais porter en t-shirt. Ton pseudo, c'est un outil. Il sert à ouvrir une serrure et à t'enfuir juste après. Il ne doit rien dire de toi. Jamais.

Tu veux faire les choses bien ? Choisis un nom banal, ultra-saturé, noyé dans les occurrences. Un "Jean Moulin", un "Pierre Lefebvre", un "Marie Dupuis", un pseudo qui a déjà été utilisé mille fois dans mille contextes différents. Un blaze impossible à tracer, à breveter, à isoler. Un nom qui fait saturer les bases de données dès que tu le tapes dans un moteur. Pas un truc original. Pas un blaze de super-héros. Pas un clin d'œil à ta série préférée. Un truc qui se confond avec la masse.

Parce que l'originalité, c'est une arme à double tranchant. Ce qui brille attire les drones. Et sur le terrain du troll, on ne veut pas être reconnu. On veut être confondu. Enterré sous des centaines d'homonymes, brouillé dans les registres, fondu dans le décor numérique comme une mauvaise ligne de code qu'on ne retrouve jamais.

Et surtout, tu ne réutilises rien. Pas les mêmes expressions, pas les mêmes fautes, pas les mêmes emojis. Rien. Pas un tic de langage. Pas une tournure trop stylée. Pas ce petit "ahah" que tu balances depuis 2014. Parce que tout ce que tu répètes, te trahit.

Tu crois que tu racontes une blague ? Tu viens peut-être de signer un aveu numérique. Une recherche rapide dans une base Telegram bien fouillée avec les bons bots, les bons scripts et ton expression trop spécifique, celle que tu pensais être drôle, ou unique, ou "toi", te renvoie vers un autre compte. Un vieux canal où t'étais moins prudent. Là où t'avais posté une photo. Ou juste lâché un prénom. Et boum, la boucle est faite. Tu t'es cramé tout seul.

C'est arrivé à des mecs plus malins que toi. Theodore Kaczynski, alias le Unabomber, a tenu tête au FBI pendant des années avec ses colis piégés et ses plans d'ermite sociopathe. Ce qui l'a tué ? Son style d'écriture. Les enquêteurs ont publié son manifeste dans les journaux, pensant que quelqu'un reconnaîtrait son phrasé. Son frère l'a lu, a reconnu les tics, les obsessions, le rythme, et a balancé. Résultat : arrestation directe. Pas de trace ADN, pas de vidéos. Juste une manière d'écrire. Une empreinte verbale.

Une signature d'écriture, c'est comme une empreinte digitale. Et quand t'écris comme un artiste en roue libre, chaque mot devient une preuve. Alors tu fermes ta gueule. Tu varieras ton style. Tu réécris. Tu testes. Tu copies, tu neutralises, tu filtres. Tu fais le fantôme. Un bon troll n'a pas de voix. Il a mille accents. Et aucun visage.

Un bon troll, c'est un fantôme. Il n'a pas de face, pas de prénom, pas de genre, pas de ville, pas d'âge, pas de passion. Juste une présence opaque, taillée pour semer le bordel, et disparaître avant que t'aies le temps de te souvenir de sa voix.

La voix, les images, et les conneries qu'on balance sans réfléchir (Chaque mot, chaque pixel, chaque rayon de soleil peut te foutre dans la merde)

Jamais d'audio. T'as bien lu. Jamais. Parler, aujourd'hui, c'est s'exposer à poil dans un tribunal invisible. La voix, c'est une empreinte biométrique. Aussi unique qu'une empreinte digitale, sauf qu'en plus, elle évolue avec toi. Et chaque mot prononcé devient un échantillon archivable, réécoutable, comparé, stocké, croisé.

Tu penses être malin avec un transformateur de voix ? Tu crois que t'es Darth Vader avec ton pitch modifié à -30 % ? Tu rêves. Y'a des mecs qui bossent dans des labos pour foutre des filtres inverses, reconstruire l'onde, restaurer la fréquence. Même en étant modifiée, ta voix te trahit. Et t'as beau avoir une vibe ASMR de tueur discret, ça suffit pour qu'on te colle une identité.

Alors tu te tais. Tu tapes. Tu cliques. Mais tu ne parles jamais. Et pendant qu'on y est, pas de photos d'intérieur. Jamais. Ni de ta chambre. Ni de ton salon. Ni de ta cuisine. Ni de la foutue étagère derrière ton écran. Pourquoi ? Parce que l'intérieur de chez toi, même si c'est pas grand-chose, c'est une preuve. Ce genre de merde qu'un OPJ ou un flic un peu zélé pourra te foutre sous le nez si t'as parlé à la mauvaise personne. Tu pourras nier tant que tu veux, mais quand la tapisserie, le parquet ou la foutue plante verte correspond à la photo, t'es grillé.

Et le pire, c'est les photos prises par la fenêtre. Tu veux vraiment que je t'explique ? T'as pas besoin d'avoir une tour Eiffel ou une cathédrale pour être localisable. La lumière. L'angle du soleil. L'orientation des ombres. Tu crois que le soleil tape pareil à Marseille qu'à Lille ? À Paris qu'à Brest ?

La météo, la végétation, l'angle d'incidence solaire à une heure donnée, ça suffit pour qu'un mec motivé sache à 50 kilomètres près où t'étais.

Tu penses que j'exagère ? Va lire les rapports de géoloc. Va voir ce qu'un photographe de crime ou un géographe open source est capable de faire avec une pauvre image et un EXIF mal nettoyé. Parler, c'est une connerie. Photographier, c'est une offrande. Et poster sans réfléchir, c'est signer ton mandat de perquisition.

Téléphones jetables et activation unique (Un seul usage, puis poubelle. Comme les fausses promesses électorales.)

Tu veux activer Telegram ? WhatsApp ? N'importe quelle appli qui exige un numéro ? T'as pensé que prendre un numéro jetable suffisait ? Mauvais plan. C'est pas le numéro qui pose problème. C'est le téléphone lui-même.

Tu peux acheter toutes les SIM anonymes que tu veux dans des recoins bien crades du net, si tu les insères dans ton iPhone perso, t'as déjà perdu. IMEI, SSID, identifiants d'appareil, version Android/iOS, géoloc approximative, adresse MAC du WiFi activé 3 secondes... Tout remonte. Tout est archivé. Et tout est recoupable.

Les applis n'ont pas besoin que tu causes. Elles lisent dans ton appareil comme dans un roman de gare. C'est pour ça que tu peux pas activer Telegram depuis un navigateur. Ils s'en foutent de ton compte, ils veulent ton appareil. Ton empreinte numérique. Ton odeur.

Alors tu fais comme les vrais : Tu sacrifies un téléphone. Un vieux Android pas cher, acheté au black, payé en cash, ou livré dans un point relais qui n'est pas à ton nom. Tu l'allumes une seule fois, dans un lieu safe, sans le lier à ton WiFi, sans activer aucun compte Google, sans connecter aucun putain de cloud.

Tu insères la SIM, tu fais ce que t'as à faire. Puis tu l'éteins. Tu retires la batterie. Et tu le jettes. Physiquement. Pas dans ta poubelle. Pas dans ta cage d'escalier. Tu le balances ailleurs. Tu fais disparaître la merde. Comme un flingue après un coup trop sec.

Parce que si tu l'utilises deux fois, tu peux être tracé.
Et si tu crois que t'as rien à te reprocher, c'est que t'as jamais croisé un flic qui a soif d'un petit flag, un juge qui veut faire du chiffre, ou un voisin qui a dit ton pseudo à la mauvaise personne. Un téléphone, c'est une langue. Une langue qui parle de toi, même quand tu te tais.

IP, VPN, proxies, la fausse sécurité

Une fois ton compte Telegram activé, si tu veux l'utiliser sur une autre machine, une autre IP, un autre contexte, t'as pas le choix : il te faut un VPN. Pas pour frimer, pas pour jouer au petit hacker de série Netflix, mais pour éviter que ton adresse IP réelle, celle de chez toi, celle qui t'identifie aussi sûrement qu'une empreinte digitale, vienne niquer tout le taf en une seule connexion.

Mais là, c'est le début des emmerdes. Tu prends lequel ? Qui croire ? Qui vend quoi ? Tu tombes sur des comparateurs de VPN en carton, blindés de liens sponsorisés, d'avis pipés, de pseudo-experts en cybersécurité qui n'ont jamais ouvert un terminal. Tu crois que le label "no log" veut dire quelque chose ? Tu crois vraiment qu'un hébergeur avec un siège social, un comptable, un service client, un community manager et une équipe marketing va risquer sa boîte pour protéger ton anonymat ?

Soyons clairs : ces mecs-là sont là pour faire du chiffre, pas pour mourir pour ta liberté d'expression. Ils se décarcassent pas pour toi. S'ils reçoivent une réquisition bien ficelée, ils coopéreront. Peut-être pas tout de suite. Peut-être pas officiellement. Mais si l'affaire est sale, si y'a de la drogue, un truc qu'on peut pas balayer sous le tapis, ils feront le job.

Et même s'ils disent qu'ils ne gardent aucun log, qu'est-ce qui t'assure qu'ils n'ont pas un deal discret avec l'État, un petit accord à l'amiable pour refiler une IP de temps en temps contre la paix fiscale et quelques clins d'œil dans les procédures ? Tu veux pas le croire ? Très bien.

Mais demande-toi pourquoi, parfois, certaines enquêtes avancent trop vite. Les infos ne sortent pas dans les papiers, mais ça recoupe en interne. Les policiers n'ont plus qu'à "trouver la preuve", c'est-à-dire rejouer à l'envers ce qu'on leur a glissé sous le manteau. Et là, même en France, où la charge de la preuve repose sur l'accusation, t'es déjà mal barré. Parce que oui, juridiquement, on est dans un système où tu es innocent jusqu'à preuve du contraire. En théorie, c'est à eux de démontrer ta culpabilité. Mais si en face, ils savent déjà ce que t'as fait, où, comment, et qu'il leur manque juste l'élément déclencheur pour tout aligner, alors la procédure devient une promenade de santé. Et toi, t'es dans la merde, même si personne ne dira jamais d'où vient l'info.

Tu veux faire ça autrement ? Monter ton propre VPN sur un serveur que t'as configuré toi-même ? Libre à toi. Tu prends un dédié en Russie, en Moldavie, dans un coin qui joue à l'oubli judiciaire. Tu le configures, tu désactives tous les logs, tu fais tout propre.

Mais ça ne change pas le fond du problème. Parce que si t'es déjà sous surveillance, et que ton IP est accrochée à un serveur qui tourne 24h/24 comme une balise de détresse, t'as juste déplacé le problème. Au lieu de sortir à découvert, t'as mis un panneau "je suis ici" clignotant sur ton dos. Et à partir de là, le moindre faux pas suffit à déclencher le reste.

Tu crois que les mecs vont pas remarquer qu'un serveur russe est en lien constant avec un utilisateur français sur une IP fixe ? T'as juste renforcé leur intérêt pour toi. Y'a pas de sécurité absolue. Y'a pas de solution miracle. Y'a toi, ton niveau de parano, ta discipline, et un peu de chance. Ou de malchance, selon le jour où ça frappe.

Et je vais pas te faire comme les mythos du Net, les pseudo-experts LinkedIn version "cybersecure", qui te pondent trois slides PowerPoint pour t'expliquer que ta résolution d'écran ou la version de ton navigateur, c'est ça qui va te foutre dedans. Ces mecs-là vivent dans un fantasme de consultant. Ils te balancent des mots comme "empreinte numérique", "device fingerprinting", "profilage comportemental", comme si t'allais tomber parce que t'utilises un vieux Firefox à 92 % de zoom et que t'as un plugin Adblock des années 2010. Tu crois vraiment que c'est ça qui fait tomber les gens ? Non. C'est ta putain d'IP.

C'est ton IP qui te flingue, pas ton user agent. Pas ton écran en 1440x900. L'adresse IP, c'est ton matricule. C'est ce que ton fournisseur file quand on tape à la porte. Et si t'es sur une IP fixe, ou même dynamique mais persistante, c'est mort. Le reste, tu peux toujours le maquiller, le bidouiller, le bricoler, mais ton IP, c'est l'aiguille plantée dans la carte.

Tu veux t'en sortir sans VPN ? Rester en 4G, non stop, avec une ligne pas à ton nom ? Possible. Mais n'oublie pas la triangulation. Tu crois que ta carte SIM "anonyme" est un ticket gagnant ? C'est mignon. Chaque borne que tu touches, chaque relai que tu effleures, raconte ton trajet. Et à la fin, y'a une carte. Une belle carte, bien propre, où tu figures comme une tâche de graisse entre la boulangerie et ton canapé. Si ça tape, ils retracent. Et là, la magie s'évapore.

Tu veux du sérieux ? Tu vas me parler de Tor. Oui, Tor, c'est bien. Tor, c'est magnifique sur le papier. Trois relais chiffrés, un parcours aléatoire, des couches d'oignon comme dans Shrek. Mais faut deux relais sur trois compromis pour t'identifier, et en théorie, c'est solide. En pratique ? C'est un tank. Mais un tank qui roule à 3 km/h. C'est lent, c'est instable, t'ouvres trois onglets et t'as l'impression de télécharger l'Internet à la main. Autant te dire que pour du chat en temps réel, tu peux oublier. Tu vas passer pour un mec qui vit sous dial-up en 2025.

Donc voilà où on en est : tu peux jouer la discrétion, mais t'auras toujours un point faible. Le VPN que t'as pris en promo à vie. Le téléphone que t'as réutilisé pour un compte pro. La ligne 4G que t'as activée dans un tabac à côté de chez toi. Y'a toujours une faille. Et si tu crois que les flics bossent comme dans les films, avec des lasers et des équipes de 12 à la Jack Bauer, détrompe-toi. Ils attendent juste une erreur. Ils attendent un Huggy les bons tuyaux version VPN, un petit fournisseur sympa qui a envie de "collaborer pour le bien commun". Et une fois que c'est fait, c'est comme le disait l'adage :

S'il n'y avait pas de balances, y'aurait personne en prison.

Et ton VPN, s'il est la balance… tu viens peut-être de réserver ta cellule.

Pas d'audio, jamais.

Et quand je te dis pas d'audio, c'est pas juste une lubie de parano, c'est une règle. Une règle vitale. Une ligne rouge. Et ouais, je vais enfoncer des portes ouvertes, mais vu le niveau moyen sur Internet, je précise aussi : pas de vidéo non plus. Tu crois que c'est évident ? Y'a toujours un génie qui lance un appel en visio sans même masquer sa lumière d'ambiance, et qui s'étonne de finir dans une thread Twitter, géolocalisé grâce à un putain de store IKEA en arrière-plan. Alors on la refait propre : jamais d'audio, jamais de vidéo.

Pourquoi ? Parce que l'empreinte vocale, c'est biométrique. Aussi précise qu'une empreinte digitale, sauf qu'elle se laisse traîner partout, dans des vocaux, des appels, des lives, des interviews pourraves que t'as oubliées, mais que les bots d'indexation, eux, n'oublient jamais. Ton timbre, ta fréquence, tes tics de langage, c'est un code-barres. Tu parles, tu signes. Tu chantes, tu te graves.

Et encore pire : certaines applis balancent les appels en communication peer-to-peer, c'est-à-dire sans passer par un serveur relais. Résultat : ton IP publique est transmise directement à ton correspondant. Pas besoin de perquisition, pas besoin de piratage. Une simple capture réseau côté récepteur et boum, on a ton IP comme si t'avais envoyé une carte postale avec ton adresse au dos. Telegram, Messenger, ou certains anciens Skype le font encore. Tu crois être discret, t'es juste à poil, les fesses dans la lumière.

Et j'insiste : même le silence peut te trahir. Tu crois que tu dis rien, mais t'as laissé un souffle, un grésillement, une hésitation. Et y'a des mecs, surtout dans les services, qui t'analysent comme un légiste sur un cadavre audio : tonalité, pauses, rythme cardiaque capté via micro haute sensibilité. Tu crois que c'est exagéré ? Regarde ce qu'ils sont capables de faire avec deux pauvres frames d'une caméra de surveillance floue et une trace de pneu.

Donc non, pas d'audio. Jamais. Pas une phrase. Pas un "ouais ouais". Pas une respiration appuyée. Tu restes muet comme une tombe en béton armé. Tu tapes. Tu balances. Tu lis. Mais tu n'ouvres pas ta gueule. Un vrai troll, un vrai opérateur, un mec sérieux, ça s'exprime par écrit. Parce que la voix, c'est de l'ADN. Et aujourd'hui, un fichier audio, c'est une prise d'empreintes déguisée.

Cloisonner ses identités (T'es pas schizophrène, t'es organisé)

Un seul compte. Une seule mission. Un seul environnement. Si tu mélanges les identités, c'est que t'as rien compris au jeu. T'es pas un troll. T'es un touriste en claquettes dans une mine antipersonnel. Chaque pseudo doit vivre dans un silo étanche. Comme une capsule de poison qu'on ouvre qu'en cas d'urgence. Tu mélanges les usages, tu t'exposes. Tu croises des infos d'un compte à l'autre, tu laisses des miettes. Et les flics, les chercheurs d'OSINT, les petits teigneux de l'open source, ils adorent les miettes. Ils savent recoller les puzzles. Ils vivent pour ça.

Tu dois penser cloisonnement comme un parano qui planifie un casse. Adresse mail dédiée, téléphone dédié, langage adapté, comportement calibré. Aucun lien. Aucune allusion. Même pas un putain de smiley en commun. Le smiley, c'est la nouvelle empreinte digitale. Tu crois que t'es original avec ton " 🙂 " ou ton vieux " ¯_(ツ)_/¯ " ? Bah t'es surtout traçable. Chaque tic d'écriture, chaque façon de formuler une phrase, c'est une signature. C'est pour ça que les mecs intelligents ont plusieurs styles. Plusieurs rythmes. Plusieurs masques. Un pseudo doit vivre seul, dans son monde. Pas de recoupement, pas d'allusion à un autre compte. Et surtout, pas de contact direct entre deux identités. Pas de petit message "c'est moi, tu sais, du canal X". Non. L'identité A ne connaît pas B. Et si A meurt, B continue. Comme si de rien n'était. Cloisonnement, étanchéité, discipline. Tu peux être trois personnes en même temps, mais chacune doit penser que les deux autres n'existent pas.

Et n'utilise jamais les mêmes outils. Pas les mêmes apps, pas les mêmes systèmes. Un pseudo opère sur Signal, l'autre sur Matrix, le troisième via mails chiffrés. Tu cloisonnes jusqu'à la langue. Jusqu'à la ponctuation. T'écris en verlan quelque part, tu fais des phrases en langage soutenu ailleurs. Tu balances des memes dans un canal, tu joues le sérieux dans l'autre. L'idée, c'est de brouiller les pistes jusqu'à l'absurde. De devenir un millefeuille social, impossible à remonter sans percer dix couches.

Le cloisonnement, c'est pas de la folie. C'est pas un TOC. C'est un principe de sécurité. Une ligne de vie. Parce qu'un jour, une identité va tomber. Elle sera repérée, traquée, exposée. Et si t'as bien fait ton boulot, elle mourra seule, sans contaminer les autres. Tu cliques sur "delete", tu rigoles, et tu reprends ailleurs. Parce que t'es pas là pour t'attacher à un nom. T'es pas là pour exister. T'es là pour agir.

Un pseudo, c'est pas une personne. C'est un outil. Une pièce dans un échiquier où tu changes de place à chaque coup. Et tant que tu cloisonnes, t'es vivant.

Les fichiers : métadonnées, pièges, et aveux involontaires (Tu crois que t'as rien dit ? Ton fichier a hurlé pour toi.)

Tu crois que t'as envoyé un simple fichier ? Une image ? Un PDF ? Une vidéo ? Tu crois que t'as été discret, que ton blaze est pas marqué dessus ? T'as raison : ton nom, non. Mais le reste, mec... le reste. Tu viens de balancer plus d'infos qu'une déclaration d'impôts.

Chaque fichier est un nid à métadonnées. C'est pas juste une photo, c'est une saloperie bavarde. Elle parle toute seule. Elle dit : "Coucou, j'ai été prise avec tel modèle de téléphone", "à telle heure, à tel endroit, avec telle version de firmware, et sauvegardée sur un PC Windows nommé Marc-PC avec Photoshop Cracké Build 21.3.1". Tu crois que c'est une blague ? Y'a des mecs qui sont tombés à cause d'un nom d'utilisateur dans les propriétés d'un fichier Word.

Tu screens un truc ? Même punition. Tu crois que le screenshot est clean ? Que dalle. Suivant l'outil, tu laisses la résolution d'écran, le timestamp exact, le nom du process qui tournait à ce moment-là. Et toi t'envoies ça comme un débile, sans même l'avoir passé à la moulinette d'un exiftool.

Les vidéos ? Pire. C'est la même chose, puissance 10. Marque de l'appareil, orientation, géoloc, codec utilisé, modèle de micro, fréquence d'échantillonnage. Si t'enregistres une vidéo depuis ton téléphone, tu viens d'écrire une autobiographie technique dans les propriétés du fichier. Et même si tu l'uploades sur Telegram, t'as cru que le réseau allait t'aider ? Non, ils compressent. Mais ils gardent. Et si tu balances sur un site où les fichiers sont accessibles en brut, genre Dropbox, Mega, Gofile ou autres, bah tu laisses tout. Y'a pas de filtre. C'est open bar.

Et parlons du nom de fichier. Combien de petits génies uploadent un .docx nommé DossierSecretVerFinale.docx ? T'as mis quoi dedans ? Un CV ? Une confession ? Un plan de troll ? Un extrait de discussion ? Et tu crois que le nom est anodin ? T'as juste signé le fond avec la forme. T'as enlevé ton pseudo pour mettre ta bite.

Le pire ? C'est que même quand tu crois avoir tout nettoyé, y'a encore des trucs qui traînent. Des versions internes, des révisions, des IDs de session. Si tu sais pas comment ton fichier a été généré, tu sais pas ce qu'il transporte. Et si tu sais pas ce qu'il transporte, tu sais pas à quel moment t'es mort.

Alors tu nettoies. Systématiquement. Tu retires les exifs. Tu refais une copie écran de la copie écran si besoin. Tu l'ouvres dans un éditeur, tu l'enregistres propre. Tu passes un scrubber. Tu vérifies à l'hexadécimal. Tu fais pas confiance. Tu crois personne. Et surtout : tu balances jamais un fichier original. Toujours une copie. Toujours réencodée. Toujours passée par ta machine sale. Pas celle qui contient tes vrais trucs. Celle que t'utilises comme un mouchoir : à usage unique, puis poubelle.

Envoyer un fichier, c'est comme balancer un pigeon voyageur dans une cage de fauves. Il va pas juste porter ton message. Il va crier ton nom, ton adresse, ton ADN. Si t'as pas compris ça, c'est que t'as pas encore compris comment on tombe.

Les photos : intérieur cramé, reflets fatals, et vues mortelles (Tu postes, ils savent. Tu cadres mal, t'es grillé.)

T'as pas mis ton nom, t'as pas donné ta ville, t'as pas montré ta gueule. Tu crois que t'es safe ? Tu balances juste une photo "inoffensive" dans un salon privé, ou sur un canal que personne ne lit. Spoiler : t'es déjà mort.

T'as pris la photo chez toi ? C'est fini. T'as offert ton intimité en haute définition. On va zoomer, on va améliorer, on va recouper. Les trolls d'élite, les flics en civil, les experts en OSINT, les malades en veille H24 : ils vont tout démonter. Et tu sais quoi ? Ils ont le temps.

Tu penses que l'intérieur de chez toi est neutre ? Non. Ton carrelage, ton radiateur, ton interrupteur, tes poignées de porte, le reflet dans la télé éteinte, ton putain de frigo, même ton micro-ondes, tout ça parle. C'est du mobilier d'enquête. Y'a des modèles vendus à certaines périodes, dans certaines zones, certains pays. Une prise électrique, c'est une empreinte. Un bouton de volet roulant, c'est une signature. Même ton rideau peut te foutre dedans.

Et si t'as pris ta photo près d'une fenêtre ? Là, t'as juste signé ton arrêt de mort. Parce que t'as donné une orientation. Une lumière. Une heure précise. Et dans la lumière, y'a des ombres. Et dans les ombres, y'a des formes. Des toits, des arbres, un coin de ciel qui peut être recoupé avec une base de données d'images satellites ou de photos de rue. Y'a des gars qui font ça pour le plaisir. Et si t'as merdé, tu vas finir dans une thread avec "on a retrouvé sa rue", "on a identifié la maison", et y'aura plus qu'à frapper.

Tu crois que j'exagère ? T'as jamais entendu parler des mecs retrouvés grâce au reflet de leurs lunettes ? D'un cul photographié dans un miroir où on voit la tapisserie de leur chambre ? Des serveurs Discord atomisés parce qu'un idiot a posté une photo de sa main, et qu'un modérateur a reconnu la montre, le bracelet, la moquette IKEA beige édition 2018 en fond ? Ça, c'est le monde réel.

Et le pire dans tout ça, c'est que même si la photo est clean, t'oublies les métadonnées. Les exifs, encore. La position GPS si t'as pas désactivé. Le modèle de ton téléphone. La version Android. L'instant précis où la photo a été prise. Et hop : recoupement. Et si t'as balancé la même photo dans un autre espace, sous un autre pseudo, ils te rassemblent. Les identités s'écrasent. Les murs tombent. Et t'es plus qu'un con avec plusieurs masques en miettes.

Alors voilà. Tu prends pas de photo chez toi. Pas dans ta chambre, pas dans ta salle de bain, pas même dans ton garage. Et surtout rien avec vue. Tu cadres à blanc. Tu shoots sur fond uni. Tu balances que du contenu sans signature. T'as besoin d'une image ? Tu la crées avec une IA. Tu fais une fausse mise en scène. Tu deviens cinéaste de l'ombre. Pas un influenceur du dimanche.

Parce que si tu veux pas qu'on sache où t'habites, faut déjà arrêter de montrer ta putain de fenêtre.

Identités visuelles : Générateurs IA, PimEyes, et l'art de ne pas se faire griller (Tu veux un visage ? Fabrique-le. Mais surtout, ne montre jamais le tien.)

On a déjà parlé des photos d'intérieur, des reflets, des conneries qui te trahissent. Mais parlons maintenant de ton visage. Parce que, soyons clairs, ton visage, c'est ta putain d'empreinte digitale en HD. Et dans le monde numérique d'aujourd'hui, montrer ta gueule, c'est comme filer ton ADN à un flic en manque de résultats.

PimEyes, tu connais ? Non ? Alors écoute bien. C'est un moteur de recherche de reconnaissance faciale qui te permet, à partir d'une simple photo, de retrouver toutes les apparitions de ce visage sur le net. Imagine : quelqu'un chope une photo de toi, la balance sur PimEyes, et en quelques secondes, il peut tomber sur ton profil LinkedIn, tes photos de soirée de 2012, ou pire, des trucs que t'avais oubliés ou jamais su qui existaient. Ton anonymat ? Éclaté au sol.

Et ne te dis pas que t'es à l'abri parce que t'as une faible présence en ligne. PimEyes est capable de dénicher des images même si t'as des lunettes de soleil, un masque, ou que la photo est de côté. Les mecs ont poussé le délire jusqu'à pouvoir identifier des gens avec des photos imparfaites. Donc, même si t'as pris des précautions, une seule photo mal gérée, et c'est la merde.

Alors, comment tu fais pour avoir une identité visuelle sans te griller ? Tu la crées de toutes pièces. Les générateurs de visages basés sur l'intelligence artificielle, comme This Person Does Not Exist, sont tes nouveaux meilleurs potes. Ces outils te pondent des visages hyper réalistes de personnes qui n'existent pas. Tu veux un avatar ? Tu vas là-bas, tu rafraîchis jusqu'à trouver une gueule qui te plaît, et bam, t'as ton nouveau visage. Aucune chance qu'il soit associé à quelqu'un d'autre, parce que cette personne n'existe pas.

Mais attention, même avec ça, reste malin. Ne choisis pas une image trop parfaite ou trop atypique. Les imperfections rendent le truc crédible. Une légère asymétrie, une petite imperfection, ça humanise. Parce que si ton avatar est trop lisse, trop "parfait", ça peut éveiller les soupçons. Le but, c'est de se fondre dans la masse, pas de sortir du lot.

Et surtout, ne réutilise pas le même visage partout. Chaque identité, chaque pseudo, doit avoir son propre visage généré. Tu cloisonnes tout, même tes avatars. Parce que si quelqu'un fait le lien entre deux comptes via le même visage, t'es foutu. Le cloisonnement, c'est la clé de ta survie numérique.

Ton vrai visage, tu le gardes pour le monde réel. En ligne, tu portes des masques fabriqués sur mesure, sans aucune connexion avec ta véritable identité. Parce qu'une fois que ton visage est là dehors, avec des outils comme PimEyes, c'est open bar pour tous les stalkers, les flics, et autres enculés qui voudraient te nuire. Alors sois intelligent, sois prudent, et surtout, sois quelqu'un d'autre.

CHAPITRE 4

PSYCHOLOGIE DU TROLL

MÉMOIRE LONGUE, HAINE FROIDE, SILENCE STRATÉGIQUE

« J'oublie rien. J'attends juste que le moment soit parfait pour faire mal. - Anonyme »

La mémoire

Un vrai troll, ça n'oublie rien. Jamais. Ça garde tout. Les messages, les captures, les logs, les humiliations, les confidences balancées à trois heures du matin dans une room où t'avais l'impression d'être entre potes. Sauf que lui, il était pas ton pote. Il écoutait, il enregistrait, il souriait dans l'ombre.

Parce qu'un troll, un vrai, c'est un archiviste du sale. Il note, il classe, il tague. Il garde les conneries que t'as dites quand t'étais bourré, les trucs que t'as balancés sur ton ex, les aveux mal maquillés, les petites phrases qui feront mal plus tard. Il garde pas ça pour se branler dessus. Il garde ça pour te faire mal. Le moment venu. Parce que c'est ça, l'arme absolue : la mémoire. Le troll n'est pas pressé. Il a pas besoin de frapper vite. Il attend. Il te regarde grimper, t'embourgeoiser, te construire une image publique, t'acheter une crédibilité.

Et quand tu crois que t'as tout effacé, que ton passé est mort, que plus personne ne se souvient de ce pseudo moisi de 2008, lui, il est là. Il ressort le screen, comme un couteau rouillé qu'il a aiguisé pendant des années dans sa poche. Il frappe au moment exact où ça te coûte. Il frappe pas par vengeance. Il frappe pour le plaisir de rappeler que rien ne disparaît. Que les connards qui humilient, les petits chefs, les suiveurs qui retournent leur veste, les rats qui flippent quand le vent tourne, ils laissent tous une trace.

Et que lui, le troll, il a la patience. Il a le goût de l'archive. Il a le sang-froid du mec qui peut attendre dix ans pour te faire tomber d'un tweet. La mémoire, c'est pas un disque dur externe. C'est un instinct. Un style de vie. Une forme de haine raffinée. Le troll n'oublie rien parce qu'il sait que tout peut resservir. Pas dans l'instant. Pas dans la panique. Mais dans le silence, quand t'y penses plus. Quand t'as baissé la garde. Quand tu penses que c'est fini. Et là, c'est là qu'il t'achève. Tranquillement. Proprement. En appuyant juste là où ça saigne le plus.

L'ego inversé

Le troll, le vrai, il a pas besoin d'exister aux yeux du monde pour sentir qu'il pèse. Il s'en fout qu'on lui dise bravo. Il n'attend pas la reconnaissance, il la méprise. Il regarde les autres mendier des likes, supplier pour du crédit social, vendre leur cul et leur âme pour un peu de likes.

Lui, il veut pas qu'on l'admire, il veut qu'on tremble. Il veut pas ton like, il veut ton déséquilibre. Ton doute. Ta panique. Il te pousse à bout, il te fait péter un câble, et il te regarde de loin, avec le calme de celui qui a tout prémédité. C'est ça sa jouissance. Pas la gloire, pas l'image, mais la fissure. Il plante un mot, une allusion, un message à deux balles, et il observe.

Il attend que ça prenne feu. Pas besoin de signer. Pas besoin de poster en masse. Pas besoin d'en faire des caisses. Il balance un truc qui pue l'ambiguïté, il souffle à peine, et il laisse les autres crever de leur propre parano. Parce que c'est pas un acteur. C'est un metteur en scène. Le public, il le manipule. Les autres, il les laisse jouer. Lui, il reste dans l'ombre, les bras croisés, pendant que le monde s'autodétruit en direct. Il a pas besoin d'être au centre.

Être au centre, c'est pour les fragiles, les affamés d'attention, ceux qui se croient importants parce qu'ils brillent deux minutes dans un thread. Lui, il préfère être le fantôme. Celui qui tire les ficelles sans jamais montrer sa main. Il est déjà passé quand tu crois le voir. Il est ailleurs, déjà, en train de monter un autre plan. L'ego du troll n'a pas besoin de projecteur, il a besoin de résultats. Il veut pas être reconnu, il veut être redouté. Et tu le reconnais pas, justement, parce qu'il se camoufle dans la masse. Parce qu'il parle comme toi, poste comme toi, parfois mieux que toi. Il peut être silencieux pendant des mois, mais si un jour il te choisit, tu le sauras. Tu sentiras que quelque chose cloche.

Que t'es sur écoute. Que tes mots sont analysés. Que ton rythme est déchiffré. Et là, t'es déjà en train de perdre, sans avoir vu d'où ça venait. C'est ça, le niveau. L'ego inversé. L'antithèse de l'influenceur. Pas de bio, pas de photos, pas de stratégie de marque personnelle. Juste un profil gris, un ton neutre, une mécanique invisible. Le troll, il t'étudie, il te démonte, et il repart. Sans merci, sans trace. Parce qu'il a rien à vendre. Il a juste besoin d'une scène pour foutre le bordel.

Et une fois le bordel installé, il s'efface, pendant que les autres s'étripent pour exister. Ce monde-là, de la performance, de l'image, de la visibilité, il l'a compris. Il en est sorti. Il le méprise. Il s'en sert comme d'un terrain de chasse. Et il laisse les autres crever la bouche ouverte, trop occupés à briller pour comprendre qu'ils sont déjà morts.

Le silence comme arme

Le silence, c'est l'arme la plus sous-estimée du troll. Parce que tout le monde veut parler. Tout le monde veut répondre, exister, l'ouvrir, s'indigner, faire du bruit pour prouver qu'il est vivant. Le troll, lui, il sait que le bruit fatigue, que le silence, lui, il empoisonne. Il entre dans une room, il dit rien.

Il scanne. Il capte les dynamiques, les fragiles, les dominants, les petits chiens qui veulent grimper dans la meute, les nanas qui prennent trop de place, les mecs qui surjouent la décontraction, ceux qui se la racontent safe alors qu'ils flippent dès que tu les regardes de travers. Et lui, il observe.

Il parle pas. Il laisse parler les autres. Il laisse les masques tomber tout seuls. Parce que dans chaque groupe, chacun finit par se dévoiler. Et c'est là que ça commence. Le troll ne vient pas pour répondre vite. Il vient pour répondre juste. Pas la rafale, la balle unique. Une phrase, pas plus. Mais qui tombe comme une enclume. Un mot, bien placé, qui fait grincer, qui ouvre une fissure. Et il se tait.

Il regarde les autres se débattre, répondre, sur-réagir. Il les fait paniquer juste en restant calme. Le silence, c'est l'arrogance suprême. C'est la manière de dire "je t'ai vu", sans avoir besoin de le formuler. Tu sais qu'il est là. Il te lit. Tu sens sa présence. Tu sais qu'il a compris ce que tu veux cacher. Et pourtant, il dit rien. Il t'expose sans parler. Et toi, tu tournes en rond, tu tries tes mots, tu vérifies tes messages, tu cherches à deviner ce qu'il pense. Mais lui, il t'a déjà disséqué.

Il sait à quel moment tu vas craquer. Il attend. Il te laisse crever dans ta propre anxiété. Et c'est là qu'il frappe. Le troll ne s'énerve jamais. Il ne monte pas le ton. Il est dans le calcul. Dans le dosage. Il fout la merde avec trois mots. Pas besoin d'en écrire trente. Il t'attaque là où tu pensais être intouchable.

Il te connaît. Il a tout lu. Il t'a vu te contredire, chercher l'approbation, faire ton intéressant. Et il garde ça, comme un tueur qui range ses couteaux. Le silence, chez lui, c'est pas du vide. C'est une tension. Une menace. Une stratégie. Il peut rester des jours à mater une room sans rien dire, juste pour capter les routines, les alliances, les faiblesses. Et puis quand il parle enfin, tu te dis merde, on aurait préféré qu'il reste muet.

Parce que là, ça commence à puer. Son silence, c'est pas de la timidité. C'est pas de la passivité. C'est une posture. Une arme blanche. Et elle fait plus mal que tous les pavés militants, que toutes les punchlines TikTok, que tous les threads enflammés d'un influenceur de merde. Le troll, quand il se tait, c'est là qu'il cogne le plus fort.

La haine comme carburant

La haine, chez le troll, c'est pas une émotion. C'est un moteur. C'est pas un truc qu'il subit, c'est un truc qu'il cultive. Un carburant lent, visqueux, qui ne brûle pas d'un coup mais qui chauffe en continu, comme un vieux moteur diesel, increvable, bruyant, dégueulasse.

La haine, il la porte en lui, mais il en fait quelque chose. Il la dompte, il la canalise, il la distille. Il ne la vomit pas à l'arrache comme un frustré de Reddit, il la concentre. C'est pas une haine aveugle. C'est pas une crise d'ado mal gérée. C'est une haine chirurgicale. Focalisée. Sélective. Une haine qui choisit ses cibles, qui observe les angles morts, qui attend le bon moment. Il ne hurle pas, il rumine. Il ne frappe pas à l'aveugle, il vise le cœur. Et c'est ça qui le rend dangereux. Il peut paraître calme. Il peut même être drôle. Poli, même. Tu crois que c'est ton pote, il t'aide sur un thread, il like une connerie que t'as postée. Et puis un jour, t'as merdé. T'as dit un truc de trop. T'as montré ton vrai visage.

Et là, tu réalises que le mec en face te déteste depuis longtemps. Mais il attendait. Il t'observait. Il savait qu'à un moment, tu baisserais ta garde. La haine du troll, c'est pas celle du jaloux, ni du faible. C'est celle de celui qui a compris. Qui a vu les mécanismes. Qui a vu comment les dominants s'imposent en se faisant passer pour des gentils. Comment les abuseurs se cachent derrière des slogans.

Comment les pires pourritures trouvent toujours un moyen d'avoir l'air cool. Et lui, il veut pas que ça passe. Il veut que ça craque. Il veut que ça sorte. Alors il monte son attaque comme un plan. Il observe, il note, il attend. Il ne cherche pas à exploser, il cherche à exposer. Et quand il frappe, c'est pas une claque, c'est une dissection. Tu te retrouves démembré en public sans avoir compris comment c'est arrivé. Parce que sa haine, elle est pas visible. Elle n'est pas flashy. Elle est glaciale, méthodique, presque bureaucratique.

Il fait du sale comme d'autres font des tableaux Excel. Il aime pas tout le monde, c'est vrai. Mais il déteste surtout ceux qui croient qu'ils sont à l'abri. Les puissants. Les faux gentils. Les égéries morales qui baignent dans le double discours. Et c'est là qu'il place ses balles. Pas sur les faibles. Pas sur les cassés. Pas sur les paumés. Sa haine est verticale, elle regarde vers le haut. Vers les chefs. Vers les influenceurs, les cadres, les penseurs de pacotille. Il veut pas "se faire entendre". Il veut pas participer. Il veut faire sauter le théâtre.

Et c'est ça son luxe. Il ne croit plus en rien, il ne défend rien. Il attaque. Il dérègle. Il détruit. Et il repart. Sa haine, c'est pas une punition, c'est un art. Une mécanique. Une forme d'intelligence froide, désabusée, mais intacte. Le troll n'a pas besoin d'avoir raison. Il veut juste que les autres s'écroulent sous le poids de leur propre imposture. Et pour ça, il a toute la haine qu'il faut. Pas de celle qui explose. De celle qui ronge.

L'effet miroir

Le troll ne t'invente pas. Il n'a pas besoin de le faire. Il te prend tel que tu es, il te démonte avec tes propres outils, tes mots, ton style, ta gueule. Il te découpe comme un chirurgien avec des gants sales. Il t'observe, il t'imite, il te renvoie ton reflet, mais à peine déformé, juste assez pour que tu ne puisses pas nier que c'est toi, mais suffisamment sale pour que t'aies envie de vomir. L'effet miroir, c'est pas une image floue.

C'est une mise à nu. Il parle comme toi, il pense comme toi, il pousse juste un tout petit peu plus loin la logique de ton discours. Et c'est là que tu flanches. Parce que ce qu'il montre, c'est pas une caricature. C'est pas une fiction. C'est la vérité amplifiée, distordue avec justesse, retournée contre toi comme une pelle dans la gueule. Il te cite, il te copie, il te déborde. Et là tu hurles au scandale, à la violence, au sabotage, parce que tu reconnais ta voix, ton égo, ta petite morale hypocrite renvoyée pleine face. Tu veux t'en prendre à lui, mais ce que tu détestes, c'est ce que tu vois dans ce putain de miroir qu'il t'a collé sous le nez. Il te parodie pas, il te recrache.

Tu dis "inclusivité", il t'embarque dans un délire de pureté ethnique inversée. Tu dis "liberté d'expression", il t'embarque dans du complotisme hardcore. Tu dis "bienveillance", il te renvoie une image de gourou sectaire. Et tu t'étouffes, parce qu'il vient de montrer à tout le monde la tartufferie de ton discours. Le troll ne crée pas, il révèle. Il ne crie pas, il souligne. Il ne s'énerve pas, il démonte. Il te pousse à bout, il te laisse t'enfoncer tout seul dans ta posture de clown social.

Il prend ton discours comme un outil, il le retourne, il le tord, il l'amplifie, et il le lâche dans la pièce pour que tout le monde sente la puanteur. Il ne cherche pas à être crédible. Il cherche à exposer ton hypocrisie. Il joue le beauf, le fragile, le coach en développement personnel, le mec de gauche, de droite, du centre. Il peut être progressiste radical ou réac complet. Ce n'est pas son opinion qui compte, c'est la tienne.

Il la prend, il l'amplifie, il la pourrit. Et toi tu te défends, tu veux te justifier, mais c'est trop tard. T'es déjà à poil. Tu ne peux plus rien faire. Tu voulais briller, il te transforme en gif ridicule. Tu voulais éduquer, il te transforme en gourou hystérique. Tu voulais militer, il te transforme en fasciste mielleux. Et toi, tu pleures. Parce que tu sais qu'il a raison, et c'est pour ça que tu le hais. Le troll n'a pas d'idéologie. Il est pas là pour convaincre. Il est là pour fissurer. Il détecte les contradictions, les fragilités dans ton discours, et il les ouvre à la pince monseigneur. Il en fait rien, il laisse faire les autres. Il balance l'étincelle, il regarde le feu. Il te montre que ta morale, ta posture, ton storytelling ne tiennent que parce que personne t'a encore défié sérieusement.

Et lui, il le fait. Il se fout de ton background, de ton métier, de ton réseau, de ta ligne éditoriale. Il veut juste t'obliger à te regarder dans le miroir sans filtre. Et quand tu paniques, quand tu fuis, quand tu t'effondres, il ne jubile même pas. Il s'en fout. Il est déjà ailleurs, dans un autre thread, à préparer un autre miroir. Il t'a utilisé comme exemple. Il t'a vidé. Et tu crois que t'as été harcelé, mais non. Tu t'es juste vu en face. Cru. Brut. Sans lumière flatteuse. Et ça, pour certains, c'est insupportable. C'est pas le troll qui fait mal. C'est ton image dans sa glace.

La satisfaction privée

La satisfaction du troll, c'est pas la reconnaissance. C'est pas les likes, c'est pas les retweets, c'est pas les félicitations d'un gang de suiveurs lobotomisés qui s'autolike sur LinkedIn en criant au génie dès qu'un mec dit qu'il aime le café noir ou qu'il a lu trois pages de Foucault. Le troll, lui, il n'a pas besoin qu'on le voie, il a juste besoin que ça explose.

Il a besoin du silence qui suit son message. Du malaise. Du flottement. Du changement de ton. Il se nourrit pas de bruit, il se nourrit du vide qu'il provoque. Il poste un truc, il regarde le bordel se déclencher, il éteint son écran, il va se rouler une clope. Il a pas besoin d'être présent. Il a pas besoin de prendre le crédit. C'est même mieux si personne ne sait que c'était lui. Parce que là, c'est parfait. Là, c'est propre. Il a foutu le feu et il est déjà ailleurs. Il regarde les autres paniquer, accuser, se retourner les uns contre les autres, pendant que lui, il digère tranquillement sa haine, avec un demi-sourire.

C'est ça, sa came. Voir les alliances péter. Voir les certitudes voler en éclats. Voir les gentils devenir violents, les militants devenir fous, les gourous devenir fragiles. Et tout ça, en silence. En sous-marin. C'est pas un héros, c'est pas un chef de meute. Il n'a pas besoin qu'on sache. Il n'a pas besoin d'être acclamé. Il prend son pied dans la dissimulation. Dans le calcul.

Dans la maîtrise. C'est pas un plaisir immédiat. C'est pas une branlette de dopamine. C'est une satisfaction profonde, presque sexuelle, d'avoir déréglé la machine sans qu'elle sache d'où vient le bug. C'est le plaisir de l'ombre. Du mec qui a vu le plan se dérouler comme prévu et qui n'en parle à personne. Parce que s'il en parlait, ce serait déjà trop. Il préfère le secret. Il préfère le goût amer et raffiné du coup réussi dont personne ne connaîtra jamais l'auteur. Il sait que ça fait effet.

Il sait que des mecs vont cogiter toute la nuit. Qu'ils vont relire les messages. Qu'ils vont douter de leurs potes. Qu'ils vont se dire : "Mais c'était qui, putain, qui a balancé ça ?" Et lui, pendant ce temps-là, il dort. Comme un bébé. Parce qu'il a bien bossé. Parce qu'il a foutu le bordel et que personne n'a rien vu venir. C'est ça, sa victoire. Discrète. Froide. Totale.

La disparition maîtrisée

Le vrai troll ne reste jamais trop longtemps. Il ne s'attache pas. Il ne s'installe pas. Il sait que la permanence, c'est la mort. Que rester, c'est se faire repérer, cataloguer, neutraliser. Il ne joue pas au chef, il ne veut pas qu'on lui construise une statue. Il n'a pas besoin d'un trône, juste d'une sortie bien placée. Il entre, il fout le bordel, il recule. Et puis un jour, sans prévenir, il se barre. Plus de message. Plus de réaction. Plus rien. Il laisse les autres avec leurs miettes, leurs soupçons, leurs copies d'écran, leurs threads décousus. Il efface, ou pas.

Parfois il laisse tout en place, comme un monument à la guerre. Parfois il rase tout, comme un cambrioleur qui efface ses traces. Il peut disparaître pendant des mois. Des années. Et quand il revient, personne ne sait si c'est lui ou un autre. Peut-être un nouveau pseudo, peut-être un ancien masque. Il ne fait pas de come-back. Il ne réclame rien. Il reprend juste où il s'était arrêté. Parce que le troll, c'est pas une personne.

C'est une méthode. Une forme. Une logique. Et sa plus grande force, c'est sa capacité à s'éteindre à volonté. À redevenir poussière. Il fuit l'attachement. Il fuit la notoriété. Il fuit l'identité. Il fuit même le plaisir trop visible. Il a appris à se désintégrer. Il disparaît comme une idée, comme un virus qui se planque en dormance. Il se dilue dans le flux. Parce qu'il sait que tant que tu es là, exposé, les autres peuvent t'attraper. Te coller un tag. Te pister. Te neutraliser. Lui, il part avant. Avant qu'on le définisse. Avant qu'on le récupère.

Avant qu'on le transforme en meme. En figure. En chose monétisable. Il ne veut pas finir sur un t-shirt, en gif, en sticker Telegram. Il veut qu'on l'oublie. Ou mieux, qu'on doute. "C'était qui déjà ? Celui qui avait mis le feu ?" Et là, il sourit. Parce que personne ne sait. Parce que c'est fini. Et que c'est parfait. Il a fait ce qu'il avait à faire. Et il est reparti dans l'ombre, comme un démon qui sait fermer la porte derrière lui sans la claquer.

C'est ça, la disparition maîtrisée. L'inverse du drama. L'opposé de la scène finale. Pas de rideau. Pas d'ultime punchline. Juste le néant. L'écran noir. Et cette sensation bizarre que quelque chose s'est passé, que quelqu'un était là... mais que t'as aucune preuve. Aucun nom. Juste un putain de vide.

Le troll, c'est pas un pote. C'est pas un rebelle en T-shirt noir avec des citations de Camus dans sa bio. C'est pas un militant numérique. C'est pas un chevalier blanc des internets. C'est un bâtard méthodique. Une lame froide qui passe dans ton thread sans prévenir. C'est une anomalie programmée. Un grain de sable avec de la mémoire.

Il ne cherche pas à t'éduquer, il veut juste que tu fermes ta gueule une bonne fois pour toutes. Il ne veut pas "changer les choses". Il veut que les choses s'effondrent sur ta gueule. Il ne croit pas en l'humanité, il croit au bug. À la faille. À l'accident nécessaire. Il ne fout pas la merde pour rigoler. Il fout la merde parce que ça le calme. Parce que dans ce monde de faux gentils, de pseudo-éveillés, de salopes déguisées en héros et de mecs puissants qui te parlent de bienveillance pendant qu'ils t'enculent fiscalement, le troll est juste là pour rappeler que le chaos existe encore. Qu'il est possible. Qu'il est jouissif.

Il ne veut pas ta reconnaissance. Il veut juste entendre le moment où la room déraille, où les certitudes se liquéfient, où les plus forts se chient dessus. Le troll, c'est pas un rôle. C'est une nature. Une déviance construite avec précision. C'est pas un loser planqué. C'est pas un ado qui cherche l'attention. C'est un stratège. Un sniper. Un chirurgien de la merde humaine. Il entre, il dissèque, il renifle la vanité, la naïveté, la fausse humilité. Et il tape. Pas au hasard. Pas sur les fragiles. Mais là où ça va saigner.

Et quand c'est fait, il repart. Tu cries, tu hurles, tu demandes "C'est qui ce fils de pute ?" Mais il est déjà ailleurs. Et toi t'es juste là, en PLS, à relire cent fois les logs pour comprendre où t'as merdé. Ce chapitre, c'est pas un hommage. C'est une déclaration de guerre. Une manière de te dire que le troll est vivant. Qu'il n'a jamais été aussi affûté. Et que si t'es un tant soit peu honnête, t'es soulagé qu'il soit encore là. Parce que c'est peut-être le dernier enculé à pas s'être fait racheter.

CHAPITRE 5

L'ART DE FOUTRE LE FEU (SANS SE BRÛLER)

« Prendre le contrôle, c'est pas lever une armée. C'est faire douter le chef de ses lieutenants, un par un. - Anonyme »

Le repérage du terrain.

Tu ne choisis pas ton terrain au hasard. Tu ne balances pas ton venin dans le vide comme un petit nerveux du dimanche. Un bon troll repère, jauge, écoute, observe. Il ne tape jamais dans une pièce vide. Il lui faut du monde. Du mouvement. De la vie. Des égos qui chauffent, des dynamiques de groupe, des suiveurs, des leaders, des wannabes en quête d'attention. Mais pas trop de structure. Pas trop de discipline. Trop de modération, trop de hiérarchie, et t'auras jamais la place d'y glisser ton venin.

Ce que tu veux, c'est un entre-deux : une room vivante, bordélique, mal tenue, avec assez de bruit pour te planquer, mais pas assez de cervelle pour te flairer tout de suite. Tu repères le chef, toujours. Y'en a toujours un, même s'il dit que tout le monde est égal. Et ce chef-là, tu le scrutes. S'il est incompétent, c'est parfait. S'il est narcissique, c'est une bénédiction. S'il a des casseroles, c'est le jackpot.

Tu veux un mec qui a besoin qu'on l'aime, qu'on l'admire, qu'on valide ses punchlines et ses réflexions creuses sur l'actualité. Un mec qui veut dominer, mais qui sait pas comment s'y prendre. Une merde avec de l'autorité. Parce que lui, tu vas le bouffer. Tout doucement. Tu vas t'infiltrer dans sa bande. Tu vas faire copain. Tu vas flatter. Et puis tu vas creuser. Trouver les failles. Trouver le moment. C'est une chasse. Tu ne fonces pas. Tu attends. Tu testes. Tu provoques à peine. Tu balances une phrase, tu regardes qui réagit. Tu balances un screen, tu vois qui clique. Tu regardes les bannissements.

Est-ce qu'on bannit vite ? Est-ce qu'il y a un contradictoire ? Ou est-ce qu'un mec peut faire tomber un autre juste parce qu'il a mal souri ? Plus c'est injuste, plus tu sais que tu pourras foutre le feu. Et pendant ce temps-là, tu te fais petit. Tu observes les tensions internes. Les egos qui se frottent. Tu repères les wannabe qui attendent de prendre la place du chef, les faux gentils, les frustrés, les petits soldats qui veulent devenir officiers. Tu regardes où le chaos est déjà à l'état de braise. Tu souffles juste ce qu'il faut. Et quand t'es sûr que c'est mûr, tu te poses. Comme un coucou dans le nid d'un autre. Tu prends pas la place tout de suite. Tu laisses éclore le bordel. Et tu sais que, tôt ou tard, ce sera chez toi.

Observation longue durée

Tu débarques pas en terrain inconnu avec tes pompes sales et tes punchlines toutes prêtes. T'observes. Tu te fonds dans la masse. Tu laisses couler. Tu lis tout, absolument tout. Chaque message, chaque silence, chaque réaction. C'est pas du voyeurisme, c'est de l'archéologie sociale.

Tu cherches les couches, les lignes de faille, les fossiles de guerre numérique encore fumants. Tu veux savoir qui est qui, qui tient quoi, qui bande quand on l'encense. Et pour ça, t'as ton setup : un, deux, trois comptes secondaires, déjà prêts, déjà en place. Ils te servent de pare-feu. De relais. De testeurs.

Tu veux voir comment réagit la modération ? Tu balances une phrase borderline avec le premier. S'il saute, le deuxième est là. Il prend le relais, corrige la trajectoire, adapte le ton. Pas pour faire le mariole. Pour sentir la limite. Parce que le ban, c'est pas un mur. C'est une information. Une ligne que tu peux cartographier.

T'observes combien de temps faut pour qu'un signalement remonte. Qui s'en occupe. Comment les suiveurs s'organisent. Si le chef a un flair, un logiciel, ou juste un excès d'égo. Tu notes, tu ranges. Dans ta tête, ou dans ton cloud, dans un tableau à part, bien planqué. T'es pas là pour te faire plaisir. T'es là pour faire le plan. Les petits détails que personne ne remarque, toi tu les digères, tu les recroises. Le mec qui commente toujours à 3h du matin.

Celui qui parle trop des autres en privé. La meuf qui se fait passer pour naïve mais qui valide tout ce que le chef dit, même les pires conneries. Le mec qui like tout, qui veut juste exister, et qui serait prêt à vendre sa mère pour une fonction de modération. Tu les vois tous. Tu repères les jeux d'alliances, les groupes en off, les petits PM entre potes, les vieux copains d'anciens forums qui débarquent ensemble. Tu regardes les dynamiques.

Tu vois les rapports de force se rejouer encore et encore comme un théâtre de boulevard. Et toi t'es là, dans la loge, avec des jumelles. Tu parles pas. Tu fais semblant d'être con. Tu likes des trucs débiles. Tu balances deux-trois gifs à la con, histoire qu'on pense que t'as rien dans le slip. Et plus t'en fais pas, plus tu t'imprègnes. Jusqu'à pouvoir prédire les réactions à l'avance. Jusqu'à pouvoir écrire leurs messages à leur place.

Et c'est là que t'as gagné. Parce que quand t'en sais plus sur eux qu'eux-mêmes, t'as déjà pris le dessus. Et quand viendra le moment d'attaquer, tu sauras exactement où ça fait mal. Pas besoin de crier. Tu seras précis, clinique, mortel. Et eux ? Ils comprendront pas d'où ça vient. Parce qu'ils t'ont jamais vraiment vu. Ils t'ont lu, à peine. Ils t'ont classé dans les inoffensifs. Ils t'ont sous-estimé. Tant mieux. Ils verront plus tard. Ou pas.

L'identification des alliés

Tu crois peut-être que le troll agit seul, comme un cowboy du web, solitaire avec sa bouteille d'acide et ses punchlines. Mais t'as tort. Un bon troll sait quand il doit rester dans son coin. Et il sait quand c'est plus malin de monter une équipe. Pas une bande de bras cassés qui trollent comme ils rotent.

Non. Une vraie team. Un noyau dur. Trois, quatre, cinq types, max. Des mecs discrets, efficaces, qui n'ont pas besoin d'écrire des romans pour foutre une ambiance. Et pour ça, faut savoir les repérer. C'est comme flairer une odeur dans une pièce surpeuplée. Tu repères celui qui dit peu mais bien.

Celui qui appuie là où ça fait mal, sans insister. Celui qui rigole pas trop fort mais rigole juste. Celui qui, comme toi, lit plus qu'il ne parle. Tu observes ses moves. Tu cherches les signes : un screen bien placé, une pique lâchée au bon moment, un silence suspect juste après un drama. C'est ton gars. Tu le contactes pas direct. Tu le testes. Tu le provoques.

Tu regardes s'il réagit en troll ou en fragile. Et si ça passe, tu le prends à part. Tu glisses un message, une phrase ambiguë. Tu vois s'il comprend entre les lignes. Tu montes un canal privé. Telegram, Discord ou autre. Mais pas un truc qu'on retrouve dans ton historique. Tu le planques, tu le nettoies, tu l'isoles. Et là-dedans, tu partages. Tu balances les captures. Les observations. Les débuts de dossiers. Tu construis une base. Un bunker d'attaque. Tu répartis les rôles.

Celui qui infiltre. Celui qui fout le doute. Celui qui flatte le chef. Celui qui observe les suiveurs. Et surtout, tu fais tourner les infos. Tu notes tout. Tu ranges. Tu organises. T'as un salon dédié aux dossiers sensibles. Le coffre-fort du groupe. Les captures, les confessions, les traces. Tout ce qui pourra servir. Et quand ça partira en couille, quand le leader tombera ou qu'un drama éclatera, t'auras de quoi balancer le feu nucléaire.

Et le mieux ? C'est que vous serez plusieurs à tirer en même temps. Pas besoin de coordination millimétrée. Vous aurez tous les mêmes munitions. Le chaos fera le reste. Et si l'un tombe, les autres continueront. Une tête saute, une autre reprend. C'est comme ça qu'on gagne. C'est pas une team d'amis. C'est une cellule. Un commando. Et une fois l'action finie, chacun repart dans son coin. Sans gratitude. Sans accolades. Sans "à bientôt". Juste avec un sourire. Parce qu'on sait qu'on a foutu un bordel que personne n'oubliera.

Les techniques d'infiltration

T'arrives pas en mode bourrin, t'es pas là pour jouer les cowboys numériques. Un vrai troll, un qui a le goût du sang lent, il sait que la première étape, c'est de s'infiltrer. En silence. À l'ancienne. À la serpillère. Tu débarques sur le terrain, pas trop brillant, pas trop discret.

Tu balances trois phrases molles, t'agites un peu, pas trop. T'as choisi ton pseudo avec soin, rien de trop personnel, rien qui pue la private joke ou la référence de fan. Juste un blaze fade, passe-partout, inoffensif. Tu balances deux-trois gifs, tu likes les bons posts, tu poses une question idiote. T'es personne. C'est parfait. Et pendant qu'ils te classent dans la case "mec sympa sans intérêt", toi t'écoutes. Tu notes. Tu ressens l'ambiance.

Tu regardes qui domine, qui suit, qui parle trop, qui répond jamais. Tu fais pas le malin. T'as pas besoin. Parce qu'à ce stade, ton seul objectif, c'est de prendre racine. Pas de te faire aimer, mais de devenir nécessaire. Et pour ça, faut être utile. Faut servir. Faut nettoyer une merde quand ça part en vrille. Faut envoyer un fichier pratique, corriger une faute, poser un lien au bon moment. T'es là, mais t'es pas là. Tu rends service.

T'attends rien en retour. Et c'est ça qui fout tout le monde à l'aise. Tu veux pas grimper. Tu veux juste aider. T'as même refusé un rôle de modo une fois, pour faire genre t'en as rien à foutre. Et c'est exactement là qu'ils te veulent. Au cœur du système, mais discret. Tu laisses le chef croire que c'est lui qui t'a choisi. Tu valides ses blagues, tu rebondis sur ses punchlines.

Tu l'encourages à se croire drôle. Il t'adore. T'es son miroir, t'es son public idéal. Tu gonfles son ego, tu le rends dépendant. Et pendant ce temps, tu creuses. Tu regardes ce qu'il dit en privé, tu analyses son discours, tu repères les failles. Tu les stockes. T'en fais rien. Pas tout de suite.

T'attends le moment. Et tu fais ça partout. Sur les salons, sur les MP, sur les groupes périphériques. Tu tisses. Tu récoltes. Tu construis ton réseau. Et surtout, t'es pas seul. T'as d'autres comptes à toi, plantés dans le décor comme des pions dormants. Tu fais croire à la synchronicité. Tu fais voter des trucs. Tu crées un faux consensus. T'as des potes à toi dans d'autres salons qui valident ton taf. Et si un drama explose, tu proposes une solution. Comme par hasard, c'est toi qui sais apaiser les tensions. Parce que c'est toi qui les a créées. Mais personne ne le saura. Tu prends jamais la lumière. Tu restes dans l'ombre. Et pendant que les autres se battent pour une médaille de popularité, toi tu tires les ficelles comme un vieux marionnettiste cynique. T'as transformé la pièce sans que personne ait vu que t'étais l'architecte.

L'usurpation et la manipulation

Tu veux manipuler un espace ? Tu veux retourner une room ? T'as deux solutions : la patience... ou le déguisement. Et parfois, t'as pas le temps. Alors tu prends une autre forme. Tu te glisses dans une peau étrangère, une voix crédible, une apparence convaincante. Tu deviens autre. Tu n'usurpes pas juste une identité : tu l'incarnes. Et le plus beau, c'est qu'ils te remercient d'être là.

Tu peux devenir un mec connu, un vieux pseudo mythique, un nom qu'on respecte. Suffit d'avoir le bon ton, les bonnes références, une ou deux anecdotes recyclées. Tu fabriques une crédibilité avec trois bouts de ficelle, un deepfake audio pour appuyer si nécessaire, et un comportement suffisamment cohérent pour tromper n'importe quel flic de la pensée. Mieux encore : tu peux créer un personnage totalement inventé. Une meuf bien roulée, un mec fragile, un militant progressiste, un vétéran du forum. T'as juste à sentir ce que l'espace attend, ce qu'il vénère, ce qu'il encense et tu deviens ça.

Le chouchou, la figure rassurante, la voix de la raison, ou la bombe sexuelle venue foutre le bordel dans les esprits des types en chien. Tu joues avec leurs failles comme un musicien avec son instrument. Tu balances quelques DM, tu flattes un peu, tu fais monter la température. T'envoies une voix douce, trafiquée. Une photo générée par IA. Un soupir. Et bim. Le mec est à genoux, prêt à tout raconter. Et toi, tu collectes. Les confidences.

Les secrets. Les dossiers. Tout ce qui pourra être retourné contre eux. Tout ce qui pourra les faire plier au moment voulu. Et si jamais tu sens que l'approche frontale ne passera pas, alors tu tapes ailleurs. Tu crées le chaos. Tu fais exploser un conflit que t'as toi-même mis en place. Et tu arrives derrière avec une solution. Tu joues les pompiers après avoir foutu le feu.

Et comme t'étais pas sur la scène du crime, personne ne te soupçonne. Tu récupères le respect, l'autorité, la confiance. T'as gagné. Et personne ne s'en rend compte. Ils t'aiment. Ils te veulent. Ils te valident. Tu pourrais chier sur la table qu'ils diraient que t'as un style original. Parce que l'humain est con. Il adore croire ce qu'il a envie d'entendre. Il cherche des chefs, des figures, des repères. Et toi, t'es prêt à tous les incarner.

Parce qu'au fond, c'est pas un jeu d'usurpation. C'est de la reproduction sociale inversée. Tu leur renvoies leur propre fantasme. Tu deviens l'image qu'ils veulent croire. Et pendant qu'ils s'exposent, pendant qu'ils te donnent les clés de leur cerveau, toi, tu notes tout. Tu stockes. Tu archives. Tu tisses la corde autour de leur cou. Tranquille. Sans forcer. Et quand viendra le moment, un seul mot de toi suffira à les faire exploser en plein vol. Le troll, à ce stade, n'est plus un emmerdeur. C'est un stratège. Un illusionniste. Un bâtard de guerre qui ne cherche pas la gloire. Il cherche le contrôle.

Créer un conflit, puis le résoudre soi-même

Créer un conflit, c'est pas balancer un pavé dans la mare pour faire des vagues. C'est pas non plus insulter la moitié de la room et attendre les insultes en retour. Ça, c'est pour les clowns sans fond, les abrutis à pseudo edgy qui croient faire trembler le système en balançant trois insultes et deux gifs de Joker.

Non. Créer un conflit, le vrai, celui qui fait imploser une communauté de l'intérieur, c'est une science. Un art noir. Un jeu de tension millimétrée où tu balances une étincelle dans une pièce déjà saturée de gaz. Tu commences doucement. Tu pousses une discussion dans le mauvais sens. Tu relances un débat qui avait été enterré. Tu cites un message mal interprété.

Tu tournes une phrase d'un autre pour qu'elle paraisse plus agressive, plus ambiguë. Et tu poses la question. Tu t'innocentes. Tu fais le naïf. "C'est moi ou il a dit un truc chelou ?" Et là, les autres prennent le relais. T'as même pas besoin d'insister. Ils vont chercher les archives. Ils vont surinterpréter. Ils vont ouvrir le bide de la victime pour voir ce qu'elle avait dans la tête quand elle a posté. Et toi, tu regardes.

T'es même pas dans la bagarre. T'es déjà ailleurs. Tu plantes une deuxième graine, ailleurs. Tu actives un autre compte pour foutre un autre doute. T'as déclenché un incendie, et les gens s'engueulent entre eux avec la certitude que c'est pour une question morale, une vérité, une injustice. Alors qu'en réalité, c'est juste parce que t'as gratté là où c'était fragile.

Tu savais exactement où appuyer. Tu connais les susceptibilités, les alliances bancales, les haines larvées. Et quand ça commence à partir en couille, quand les bans tombent, quand les messages s'effacent, tu réapparais. Pas en mode sauveur. En mode calme. Tu proposes une solution. Tu recentres. Tu offres un compromis. Et là, le tour est joué. T'es celui qui remet de l'ordre. Celui qui comprend les deux camps.

Celui qui "a du recul". Et le pire, c'est qu'ils te remercient. Ils te font confiance. Ils te donnent des droits. Une voix. Une place. Et t'es arrivé là non pas parce que t'es le plus intelligent. Mais parce que t'as contrôlé le feu et l'extincteur. Parce que t'as tout fait péter, et que t'avais déjà préparé le discours de paix. Et c'est là que t'as gagné. T'es devenu indispensable.

T'as créé la crise et tu l'as résolue. Et maintenant t'es assis au milieu des ruines, avec les clefs du château dans la poche. Le troll, à ce niveau-là, c'est pas un agitateur. C'est un metteur en scène. C'est un ingénieur du bordel. Un stratège du chaos domestiqué. Et les autres ? Ils reprennent leur souffle, contents que ça se soit calmé. Sans jamais comprendre qu'ils viennent de te couronner roi.

Et quand t'as bien observé, bien collecté, bien mesuré chaque faille du système, tu peux passer à l'étape supérieure : foutre un bordel contrôlé. Là, t'attaques plus en frontal, t'attaques de l'intérieur, en fabriquant un événement. Un choc. Un point de rupture. Tu mets en scène un drame. Le genre qui fait paniquer tout le monde, qui déclenche des "qu'est-ce qu'il se passe ?", des "mais c'est qui ce connard ?", des "je vais contacter l'admin". Et là, t'as besoin d'un plan. D'un scénario. D'un peu d'audace et de quelques complices bien placés.

Tu simules un faux hack. Un truc crade, rapide, violent. Juste assez pour faire péter les plombs. Tu supprimes des messages. Tu changes des pseudos. Tu colles des insultes dans des salons publics. Tu balances de fausses captures d'écran. Et surtout, tu le fais quand le chef n'est pas là. Quand la figure d'autorité est offline, absente, injoignable. Pendant ce laps de temps, c'est le chaos.

Et ce chaos, tu le fais porter par ceux qui ne sont pas dans ta team. Tu les désignes à demi-mot. Tu souffles sur les braises. "Étrange que ce soit arrivé pendant leur shift, non ?" "Je dis ça, je dis rien, mais…" Et les gens te suivent. Parce qu'ils ont besoin d'un coupable. Et toi, t'as préparé le terrain. T'as déjà planté le doute, les jours précédents. Des petites phrases.

Des doutes sur leur sérieux. Des erreurs qu'ils ont commises. Tu les as rendus suspects avant même le drame. Et quand ça explose, ils sont les coupables idéaux. Le chef revient, perdu, et tout le monde se tourne vers toi. Toi, le calme. Le type qui a aidé. Le type qui a prévenu. Le type qui propose de sécuriser les accès.

Tu deviens la solution. T'es même prêt à prendre du recul, à pas demander de pouvoir. Et c'est précisément pour ça qu'on te le file. Les anciens modos ? Discrédités. Hystériques. Accusés. Éjectés. Et toi, t'es là, en train de ranger la pièce après le carnage que t'as toi-même organisé. T'es plus juste un troll. T'es le nouveau chef. Acclamé, décoré, légitime. Le seul qui reste debout après la tempête. Et personne n'a rien vu. Parce qu'ils ont tous été trop occupés à survivre pendant que toi, tu prenais le contrôle.

L'utilisation stratégique des femmes dans l'infiltration émotionnelle

Et puis il y a les femmes. Pas les potiches de TikTok qui remuent leurs filtres en pensant que trois likes valent une couronne. Non. Celles dont je te parle, elles ont compris comment on tord un homme, sans lever le petit doigt. Celles qu'on envoie dans les salons comme on envoie un virus dans une cellule : invisibles, désirables, irrésistibles.

Elles arrivent comme les autres, pseudo lambda, photo qui rend bien, une voix un peu cassée, ou un air de geekette timide. Pas besoin d'en faire trop. Suffit de montrer un peu de fragilité, de douceur feinte, de demander un conseil en MP. Et les mecs mordent. Toujours. La bite a toujours une longueur d'avance sur le cerveau. Et c'est là que le vrai jeu commence. Elles n'insultent pas. Elles ne provoquent pas.

Elles posent des questions. Elles écoutent. Elles valident. Elles créent un lien. Et le mec, il se sent spécial. Écouté. Vu. Il s'ouvre. Il balance. Il se raconte. Il envoie des photos, des audios, des vidéos. Il croit tomber amoureux. Il croit être différent. Il ne sait pas qu'il est le cinquième de la semaine. Et tout ce qu'il envoie part direct dans le dossier. Dans le salon privé. Classé, organisé, prêt à servir. Prêt à être ressorti au bon moment. Et ça ne s'arrête pas là. Parfois, la fille pousse plus loin.

Elle chauffe. Elle promet. Elle négocie. "Tu peux me filer les accès ?", "T'as pas un compte admin pour moi ?", "Tu pourrais me montrer le salon privé ?". Et les mecs ouvrent les portes. Ils vendent leurs privilèges contre un fantasme. Parce qu'ils pensent que c'est de l'amour, ou au moins une branlette partagée. Mais c'est un piège. Une corde autour du cou qu'ils ont eux-mêmes tendue. Quand elle aura ce qu'elle veut, elle disparaîtra.

Ou pire : elle restera, mais changera de camp. Et lui, il tombera. Il aura l'air con, faible, ridicule. Et tout le monde verra à quel point il était manipulable. Le troll ne séduit pas, il vampirise. Et les femmes de l'équipe sont les meilleures pour ça. Pas parce qu'elles sont jolies. Mais parce qu'elles ont compris une chose que les hommes ne veulent pas admettre : le pouvoir émotionnel est la forme de violence la plus invisible, et la plus efficace. Tu crois qu'elle t'écoute ?

Elle t'étudie. Tu crois qu'elle est touchée ? Elle te retourne comme un gant. Tu crois qu'elle t'aime ? Elle te possède. Et quand elle aura terminé, il ne restera rien de ton ego. Juste un vieux log de discussion, des screens compromettants, et un souvenir amer entre deux spasmes de honte. Le troll féminin, c'est pas une exception. C'est une arme. Et souvent, c'est la plus redoutable de toutes.

Et puisqu'on parle de stratégie, de manipulation, de contrôle à distance, j'aurais du mal à ne pas évoquer ma beauté suisse. Je l'ai connue, elle avait tout juste dix-huit ans. Fraîche, brillante, plus fine que tous les mecs du game réunis.

Elle se montrait en cam, assumée, sûre d'elle. Trop belle pour être vraie. Et pourtant, elle l'était. Les mecs la voyaient débarquer, lumière douce, voix posée, regard franc. Et là, deux types de réactions : les lucides qui disaient direct "trop belle pour moi", et qui la voyaient venir comme un piège doré.

Et les autres. Les cons. Les faibles. Les suants. Ceux qui plongeaient tête la première, le caleçon à la main, persuadés d'être les élus. Ils lui ouvraient tout : leur cœur, leurs secrets, leurs accès. Et elle, elle souriait, elle collectait, elle transmettait.

On n'avait même pas besoin de briefer. Une cible, un pseudo, et elle se mettait au boulot. Pas une erreur. Pas une hésitation. Pendant quinze ans, elle a été la meilleure pièce du jeu. Aujourd'hui, elle bosse chez les flics. Et moi, je ne juge pas. Je constate. Peut-être qu'elle a changé de camp. Ou peut-être qu'elle continue juste à faire ce qu'on a toujours fait : manipuler, en silence, pour les raisons qu'on ne dit jamais. Quoi qu'il en soit, je la remercie. Pour sa fidélité. Pour sa précision. Et pour avoir toujours su jouer avec la caméra comme d'autres tirent à balles réelles.

La montée en grade jusqu'à la prise de pouvoir

Monter en grade, c'est pas gagner des points dans un jeu. C'est pas collectionner des badges ou flatter l'égo d'un admin sous Lexomil. Monter en grade, dans une room, c'est te rendre indispensable. C'est faire en sorte qu'on te donne les clés sans même que t'aies eu besoin de les demander. Et pour ça, tu t'effaces.

Tu joues profil bas. Tu fermes ta gueule, mais tu montres que t'es là. T'apportes des réponses. Tu sers de relais. Tu corriges les fautes, tu balances les liens, tu postes au bon moment. Tu deviens une routine dans leur bordel. Ils te reconnaissent. Ils te remercient. Tu tisses. Lentement. Tu prends la température. Tu repères les vides. Les absents. Les moments de flottement.

Et tu t'incrustes. Comme un putain de virus dormant. Pas besoin d'avoir du charisme. Juste de la patience. Tu fais celui qui veut aider. Qui veut comprendre. Et tu laisses venir. Tu multiplies les pseudos utiles. Un pour l'organisation, un pour les liens, un pour les blagues. Tu joues plusieurs rôles dans la pièce. Et un jour, ça arrive. L'admin est surchargé, fatigué, ailleurs. Il te balance des droits. "Juste pour modérer un peu, tu vois." Et toi tu vois très bien. Tu dis merci. Tu fais ton boulot.

Tu gagnes la confiance. Mais dans ta tête, le plan avance. Parce que le pouvoir, c'est jamais donné. C'est pris. Et une fois que t'as les accès, tu fais rien. Pas tout de suite. Tu continues ton petit manège. Tu gagnes les faveurs de la meute. T'effaces les trolls agressifs. Tu protèges les habitués.

Tu te fais aimer. Et eux, ils te voient comme un pilier. Le bon gars. Celui qui tient la maison debout pendant les tempêtes.

Sauf que t'es la tempête. T'es l'orage qui s'est déguisé en chauffage d'appoint. Et puis un jour, tu testes les limites. Tu bannis un ancien. Tu fais passer ça pour une erreur. Une urgence. Un excès de zèle. Et ça passe. T'as pris une décision lourde, et personne ne t'a arrêté. À partir de là, t'as la main. Tu sais que t'es dans le siège du conducteur. L'admin ? Trop absent. Trop confiant. Trop paresseux. Et s'il revient en demandant des comptes, tu sors les logs, les captures, les dramas passés.

Tu montres que t'as nettoyé la pièce. Que t'as réglé les problèmes. Que t'as protégé la structure. Et même s'il a un doute, il ne peut pas te virer sans tout faire péter. Alors il te garde. Il s'en remet à toi. Et petit à petit, il s'efface. Il devient un vestige, une icône qu'on respecte vaguement. Et toi, t'es le vrai patron. Tu fais la pluie et le beau temps. Tu contrôles les entrées, les sorties, les silences et les tempêtes. Tu deviens le décor. L'algorithme humain.

Le filtre entre l'espace et le reste du monde. Et personne ne comprend vraiment comment t'en es arrivé là. Même pas toi. Parce que tout s'est fait sans forcer. T'as pas eu besoin de trahir. Juste d'être patient. Calculateur. Et terriblement humain. La montée en grade, c'est l'art de devenir nécessaire. De t'imposer comme une évidence. Jusqu'à ce que même ton silence soit un ordre.

Partager la proie

Comme je l'ai déjà expliqué plus haut, les cibles choisies par un troll, un vrai, un de ceux qu'on décrit ici, c'est jamais des gentils. Jamais des mecs bien. Pas des pères de famille rangés, pas des mères au foyer avec leur compte tricot. Non. Dans le meilleur des cas, ce sont des pourritures à l'ego débordant, manipulateurs, narcissiques, boursouflés d'importance.

Et dans le pire… dans le pire, on parle de types capables de faire l'éloge du terrorisme, de poster des appels à la haine en boucle, de glorifier des actes immondes en se croyant révolutionnaires. Alors forcément, dans ce bordel, dans cette faune obscure, y'a une faune encore plus discrète : les Feds. Les petits hommes gris planqués derrière des pseudos tout aussi moisis que les nôtres. Eux aussi sont là. Pas pour rigoler. Pas pour créer du chaos.

Pour observer, collecter, compiler. Le troll, lui, il fout le feu pour voir comment ça pète. Le Fed, lui, doit en faire un dossier, un rapport, une procédure. Deux mondes qui se croisent sans jamais vraiment se comprendre. Et pourtant, on cohabite. On chasse les mêmes bêtes. On respire le même air vicié.

Mais voilà : ils ont des délais. Trois mois, six mois, une deadline avec un supérieur qui demande des comptes. Nous, on n'a pas ça. Nous, on peut dormir sur une cible pendant deux ans si on veut. Attendre le bon moment. Les voir remonter, tomber, remonter encore. On est pas là pour cocher une case dans une procédure. On est là pour foutre un coup de scalpel au bon endroit, à la bonne seconde. Et eux, ça les rend fous. Parce qu'ils pigent pas nos motivations. Ils les devinent, les suspectent, les notent dans leurs carnets à spirales, mais ils comprennent pas. L'effet de scène. Le goût du timing. Le plaisir du déséquilibre. Le spectacle. Ils veulent des preuves, des IP, des noms. Nous, on veut du théâtre. De la mise en scène. Et de préférence en public.

Ils veulent se faire passer pour des trolls, mais ça colle pas. Ils sont trop propres. Trop pressés. Trop méthodiques. Ils grattent l'amitié, essayent de se faire inviter dans les sous-groupes, jouent les habitués. Mais on les repère vite. Ils captent pas que nos liens tiennent sans logique, sans visage, sans histoire commune.

Ils pige pas que ça fait parfois quinze piges que tu parles avec un gars, tous les jours, sans jamais avoir vu sa gueule. Pas de photo, pas de voix. Juste un pseudo, un style. Et ça suffit. Ça, eux, ils savent pas gérer. Ça les rend suspects, nerveux, intrusifs. Et comme ils veulent pas rater un seul joueur de l'organigramme, ils s'attachent à tout : les seconds couteaux, les figurants, les mecs qui postent trois conneries par semaine.

Ils font des cartos complètes, cherchent à mettre des noms sur tout le monde. Et c'est là qu'on les voit. Parce qu'un troll, un vrai, il s'en fout du no name. Il vise haut. Il vise celui qui dirige, celui qui corrompt. Eux, ils veulent tout.

Mais on apprend à vivre avec. Parfois, on se croise dans une room. Parfois on échange. Parfois on aide, sans le dire, sans le savoir. On partage la même proie, c'est tout. Pas pour les mêmes raisons. Pas avec les mêmes règles. Eux, ils veulent que ça finisse au tribunal. Nous, on veut que ça explose en live, devant tout le monde, que l'humiliation fasse écho dans chaque pixel. La justice ? Elle est ailleurs. Et souvent, elle passe par nous.

Et qu'on soit clair : ça ne nous dérange pas qu'un jour, la proie finisse au tribunal. Qu'il y ait des procès, des jugements, des peines. Très bien. Bravo les institutions. Mais pas avant qu'on ait fait le boulot. Pas avant qu'on l'ait exposé. Déshabillé. Vidé. Affiché. Pas avant que sa petite cour l'ait vu se tordre. On veut que ça explose d'abord. Que ça se répande. Que ça pue. Que ça marque les esprits. Ensuite, vous pouvez le prendre. Faire vos papiers. Vos photos. Vos audiences. Mais nous, on n'a pas besoin de justice. On a besoin de spectacle.

Et le plus drôle, c'est qu'on peut parler avec eux. Les Feds. Des mois, parfois. On sait que c'est eux. Ils savent qu'on sait. Et pourtant, on discute. Amicalement. On rigole. On échange. On joue ce jeu étrange, à la Donnie Brasco, sauf que nous, on connaît la fin. On sait que le type derrière son clavier, là, avec son pseudo tiède, il remplit un rapport en même temps qu'il balance des gifs.

On sait qu'il nous observe, nous teste, nous cartographie. Et lui, il sait qu'on le garde à l'œil, qu'on voit bien qu'il s'implique trop vite, qu'il veut trop comprendre. Et parfois, on s'apprécie. On se respecte. Parce que le mec est bon. Il joue bien. Il apprend vite. Il se fait discret. Et il sait que tout est une question de temps. Il a son agenda. Nous, on n'en a pas. Il a ses chefs. Nous, on a nos délires. Il a une hiérarchie. Nous, on a une meute.

Alors on cohabite. Silencieusement. Chacun dans son rôle. Parfois alliés, parfois juste tolérés. On partage la même proie. On se croise dans les ombres. On se jauge. Mais on sait tous que, dans ce bordel, on n'est pas si différents. Juste... pas du même côté du miroir.

les outils de maintien du pouvoir

Le pouvoir, tu ne le gardes pas avec des discours. Tu le gardes avec des dossiers. Tu fiches. Discrètement. Tu ne copies pas bêtement, tu catalogues les failles. T'as un salon privé, bien planqué, où tu balances tout : captures, échanges, promesses, contradictions, confidences balancées à 3h du mat.

Et tu partages ça qu'avec ton noyau dur. Ceux qui, comme toi, savent que le pouvoir se construit sur la peur de l'exposition. Tu injectes de la parano, mais pas trop. Juste ce qu'il faut pour qu'aucun d'eux n'ose trop s'affirmer. Tu laisses fuiter une vieille capture de temps en temps, bien choisie, sans dire qui l'a envoyée. Ça suffit à faire trembler la meute.

Chacun se demande s'il est surveillé. Tu provoques des ruptures d'alliances juste avec un screen bien placé. Tu coupes les ponts entre les petits groupes avant qu'ils ne se solidifient. Tu entretiens les divisions, tu glisses des doutes. Tu les fais s'espionner entre eux. Tu encourages la délation passive, les "tu devrais faire attention avec lui", les "je crois qu'il a parlé sur toi". Tu les fous dans un bain d'insécurité où tu es le seul point stable.

Et au moindre doute, tu peux sortir le screen, la preuve, la crasse que t'as gardée sous le coude. T'as même pas besoin d'expliquer. Tu balances ça froid, sans commentaire. Et les autres pigent. Tu viens de flinguer un mec sans lever la voix. Et ça renforce ton aura. T'es plus un admin. T'es un mythe. Le grand frère sale. Celui qu'on respecte pas par amour, mais par instinct de survie. Et c'est ça, le cœur de la stratégie : faire de la peur un climat. Faire de la loyauté un réflexe. Et que personne ne sache jusqu'où tu peux aller.

les techniques pour injecter le doute dans la meute

Une fois que t'es installé, que la pièce est à toi, tu dois verrouiller. C'est là que tu passes en mode gestionnaire d'ombres. Plus de baston frontale. Plus de conquête. Maintenant, c'est l'art du maintien, du dosage. Et tu vas pas le faire avec des grandes tirades ou des valeurs de merde sur la communauté. Tu vas le faire avec ce que tu sais faire de mieux : écouter, archiver, surveiller.

Tu commences à monter un salon privé, à l'écart, où tu balances les dossiers. Tu fais ton petit musée de la compromission : les captures de mecs qui se contredisent, les aveux faits en DM, les embrouilles passées, les promesses ridicules. Chaque message est une munition. Et tu les classes. Par pseudo, par sujet, par gravité. Tu t'organises. C'est ton dossier noir, celui qui ne sert pas tout de suite, mais que tu affûtes au fil du temps.

Tu balances pas ça en vrac. Tu le ressors au bon moment, quand le mec s'est trop avancé, quand il commence à prendre trop de place, à jouer au chef à ta place. Et là, bim, un vieux screen, un truc oublié, balancé sans émotion, sans explication. Juste un rappel. Tu viens de faire une exécution politique sans t'être sali les mains. Tout le monde regarde, personne ne commente. Parce qu'ils comprennent. Tu gardes tout. T'oublies rien. Et ça suffit à les faire trembler. T'as même pas besoin de bannir. La peur de se faire griller les tient à leur place.

Et pendant ce temps, tu distilles la parano. Tu fais rien de frontal. Juste quelques insinuations bien placées. "Tu trouves pas qu'il est un peu nerveux en ce moment ?" "Tu sais qu'il a dit ça sur toi, en privé ?" Tu sèmes le doute entre eux. Tu les regardes se bouffer entre eux pendant que tu bois ton café.

Tu les pousses à s'épier, à se dénoncer en douce, à te rapporter des choses qu'ils ont vues ou entendues. Tu encourages la balance passive. T'as même pas besoin de demander. Ils te livrent tout, pensant que ça les protège. Et toi, tu notes. Tu observes. Tu sais qui est loyal, qui est peureux, qui est opportuniste. Tu les laisses s'enfoncer. Tu ne dis rien. Jusqu'au jour où tu les fais péter, un par un. Un par un, ils tombent, et personne ne les pleure. Parce que t'as fabriqué un climat où la loyauté n'est pas une qualité, mais un réflexe de survie.

Et puis y'a la technique du chaos utile. Tu ne verrouilles pas tout. Tu laisses passer un peu de merde. Tu laisses les trolls mineurs foutre leur bordel. Tu les observes. Tu vois comment la meute réagit. Et tu décides. Tu peux même en garder un ou deux, bien crades, juste pour avoir quelqu'un à punir quand il faudra resserrer les rangs. T'as toujours besoin d'un coupable public. Un fusible. Un type à flinguer en place publique pour rappeler qui commande. Tu fais ça froidement. Sans émotion. Comme un rappel à l'ordre.

Et pendant tout ce temps, tu continues d'alimenter ton salon privé de surveillance. Tu ne gardes pas que les crasses. Tu gardes les petites phrases. Les faiblesses. Les détails. Tu fiches. Tu traces. Tu observes. Parce que le vrai pouvoir, il est là. Dans ce que tu sais des autres. Dans ce que tu peux leur faire dire. Dans ce que tu peux leur faire perdre. Et tu les tiens, pas par la force, mais par l'incertitude. Parce que tu pourrais frapper. Tu pourrais exposer. Tu pourrais bannir, salir, retourner. Et c'est cette possibilité-là qui fait que tu n'as jamais besoin de le faire.

l'art vicieux d'injecter la paranoïa dans une room

La parano, ça ne se balance pas comme une insulte. Ça s'injecte. Lentement. Comme du poison dans un café. Tu veux que la room ne s'endorme jamais. Tu veux qu'elle soit tendue. Tu veux que chacun doute, mais pas trop fort. Juste assez pour que la confiance s'effrite sans jamais s'effondrer. Si ça pète trop vite, tu perds ton jouet. Si ça tient trop bien, tu n'as plus d'effet de levier. Donc tu ajustes. Tu vises le déséquilibre permanent. Tu transformes la communauté en arène. En zoo de rats nerveux qui s'épient entre eux.

Tu commences simple : quelques allusions. Rien de frontal. "J'ai vu passer un message chelou l'autre soir." Ou "quelqu'un a leaké, mais je dis pas qui." Tu ne nommes jamais. Tu ne pointes pas. Tu insinues. Tu fais en sorte que les gens cherchent par eux-mêmes. Parce que le doute qu'on t'impose est toujours moins fort que le doute que tu fabriques toi-même dans ta tête. Tu sèmes une graine. Et tu regardes les gens la cultiver. Ils cherchent. Ils interrogent. Ils fouillent. Et pendant qu'ils se méfient les uns des autres, toi tu notes les réactions. Tu vois qui flippe. Qui se justifie. Qui accuse. Tu tiens ton tableau de bord humain.

Ensuite, tu joues sur les doubles discours. En public, tu soutiens quelqu'un. En privé, tu en dis du mal à un autre. Tu fais en sorte que ça revienne à la cible, mais jamais directement. Un faux screen, une rumeur fabriquée, une vieille conversation ressortie de son contexte. Et tu laisses faire. La parano fait le reste. La cible va se justifier, s'agiter, vouloir clarifier. Tu fais semblant d'être neutre. Tu regardes. Tu prends des notes. Et tu continues de diviser. Les groupes se fragmentent. Les clans se forment. Et chacun pense qu'il a "le vrai cercle". Pendant ce temps, tu passes partout. Tu joues sur chaque tableau. T'as un pied dans chaque équipe. Et personne n'est sûr de rien.

Tu peux aussi utiliser les agents dormants. Ces comptes secondaires que t'as placés à des endroits stratégiques. Ils parlent peu, mais quand ils parlent, c'est toujours pour relancer le doute. "T'as vu le comportement de X ?" ou "il a pas changé depuis l'époque où il modérait tel serveur chelou." Tu réveilles des vieux dossiers, tu balances des demi-vérités, tu fous le bordel avec style. Et t'as toujours une sortie. "Je fais que relayer ce que j'ai entendu." "Je pose juste la question." Classique.

Tu exploites aussi la dynamique des seconds couteaux. Ceux qui veulent monter, qui rêvent d'un poste de modérateur, d'une validation symbolique. Tu les flattes. Tu leur fais miroiter une promotion. Et tu les fais bosser pour toi. Ils viennent te rapporter tout. Et tu les jettes quand ils deviennent lourds. Tu balances un vieux message qu'ils ont posté, un avis maladroit, une insulte mal placée. Et hop, la meute les finit pour toi. Tu nettoies sans te fatiguer. Tu les utilises comme détonateurs, jamais comme piliers.

Et quand t'as envie de foutre un bon coup de pression, tu lances une purge symbolique. Un bannissement sans explication. Tu prends un profil un peu trop installé, un peu trop à l'aise, et tu le dégages en silence. Juste pour rappeler que t'es là. Que personne n'est indispensable. Que même les anciens peuvent sauter. Et ça remet tout le monde dans le rang. Tu leur montres que t'es pas prévisible. Qu'il n'y a pas de règles écrites. Que la sécurité, ici, est une illusion.

Injecter la parano, c'est pas foutre le feu. C'est glisser une allumette dans une pièce pleine d'essence, et regarder si quelqu'un la gratte. Tu n'es pas l'incendiaire. Tu es le climat. Tu es l'électricité statique. L'ambiance. Le doute permanent. Et plus personne ne respire normalement. Ils surveillent ce qu'ils écrivent. Ils lisent dix fois avant d'envoyer. Ils pensent à leurs alliés. À leurs ennemis. À toi. Toujours à toi. Même quand tu parles pas. Même quand t'es plus là.

Et c'est là que tu sais que t'as gagné.

la chute du leader historique et la prise de contrôle totale ?

La chute du leader, c'est pas une surprise. C'est une échéance. Une échéance que tu as organisée, savamment orchestrée, en silence, comme on installe une bombe à retardement sous un canapé. Depuis des semaines, t'as récolté des preuves. Des captures. Des confidences. Des échanges en off. Des petits morceaux de saleté, découpés au scalpel. Tu n'as rien lâché. Tu as attendu. Patient. Stratégique. Froid. Tu ne veux pas prendre sa place. Tu veux le voir tomber. Le voir se tordre. Tu veux qu'il comprenne ce qu'il se passe au moment même où il ne peut plus rien faire. Et pour ça, il faut qu'il soit connecté. Il faut qu'il te voie. Qu'il lise ton pseudo. Qu'il regarde le sol se dérober sous ses pieds.

Le moment venu, tu agis. Sans un mot. Tu lui retires ses droits. En direct. Il est là, il lit encore, il croit à un bug. Il tente de cliquer, de modérer. Rien. Plus de boutons. Plus de pouvoir. Il actualise. Encore. Mais non. Plus rien. Juste un pseudo lambda, en blanc, comme les autres. Le roi nu, sans sceptre, sans couronne. Et c'est là que tu balances. Tu sors les dossiers. Les vrais. Les screens compromettants. Les double-discours. Les contradictions. Les manipulations. Les phrases qu'il a dites à l'un et niées à l'autre. Tu balances tout dans le salon général, là où ça pique, là où tout le monde lit, même ceux qui ne parlent jamais. Tu balances sans mise en forme. Tu balances comme on vide un chargeur. Et tu regardes.

Les gens lisent. Les masques tombent. Les alliés reculent. Les suiveurs se déconnectent. Les lâches changent de camp. Lui, il veut répondre. Il veut se défendre. Mais ses messages passent pas. Il n'est plus admin. Il est spectateur de son propre procès. Il lit sa fin en live. Il tente de t'envoyer un MP. Tu le laisses en "vu". Le pouvoir a changé de main, et tout le monde le sait. Tu ne t'acharnes pas. Tu restes calme. Tu dis que tu "fais ça pour le bien de la communauté". Que tu "n'avais pas le choix". Et ça passe. Parce que les autres veulent croire que c'est pour le mieux. Parce qu'ils sont contents que quelqu'un ait osé faire le sale boulot.

Tu le retires. Net. Sans prévenir. Admin : out. Pouvoirs : out. Statut : out. Tu fais ça pendant qu'il est connecté, bien au chaud dans son trône numérique, croyant encore qu'il tient quelque chose. Il clique. Il comprend pas. Il croit à un bug. Il insiste. Il rafraîchit. Et là, le doute. Le froid. La panique. Et toi, tu balances. Tu lâches tout. Les messages, les captures, les confidences, les saletés glanées pendant des mois. Tu ouvres le dossier en grand dans le salon public, celui où tout le monde est là, même les planqués, même les timides. Les messages claquent un à un. Pas besoin de mise en scène. La vérité suffit.

Et lui ? Il hurle. Il écrit en majuscules. Il crie à la trahison. Il tape comme un dingue : "Vous me connaissez !", "C'est une cabale !", "Vous croyez ce troll de merde ?!" Il s'enfonce tout seul, chaque message une pelle de plus dans sa tombe. Il gueule "vengeance", il parle de "coup monté", de "complot", de "manipulation". Il répète que "c'est pas possible", que "vous me trahissez", qu'il "a tout donné". C'est pitoyable. Il s'accroche à son image comme un noyé à une planche qui prend l'eau. Et toi, tu regardes. Tu souris presque. Tu réponds pas. Pas besoin. Tu laisses les autres parler à ta place. Les petits soldats qui changent de camp. Ceux qui l'avaient flatté la veille et qui maintenant lui marchent sur la gueule.

Et c'est là qu'il comprend. Que c'est fini. Que c'est réel. Qu'il a perdu. Et pas seulement un salon. Il a perdu sa légende. Sa superbe. Son autorité. Sa meute. Il les regarde un à un l'abandonner. Il spam encore. Il exige des explications. Il insulte. Il accuse. Mais personne ne relève. Le silence fait plus mal que n'importe quel ban. Il est plus qu'un admin déchu. Il est une ruine, un souvenir gênant qu'on efface doucement, par petites vagues de mépris. Et toi ? T'as rien demandé. T'as juste "lancé un débat". T'as juste "rétabli des faits". T'es resté poli. Droit. Sans t'énerver. C'est la room qui a tranché. Pas toi. Tu t'es contenté de fournir les outils. Les armes. Le feu. Le reste, ils l'ont fait seuls.

Et lui, il reste connecté encore un moment. Il regarde. Il relit tout. Il tente de sauver deux-trois trucs. Il écrit en privé à quelques fidèles, mais ça répond plus. Plus personne n'a envie de brûler avec lui. Il finit par se taire. Son pseudo reste affiché une heure. Puis il disparaît. Et la room respire. Les messages repartent. Le silence se brise. L'ordre est rétabli. Mais plus le sien. Le tien.

Et tu restes calme. T'as gagné. Tu dis rien. Parce que le vrai plaisir, c'est pas le pouvoir. C'est de le prendre sous les yeux de celui qui l'avait, et de le regarder imploser. Et ça, tu l'as fait.

la gestion du pouvoir après le putsch

Et moi, je ne reste pas. Je ne traîne pas dans les ruines. J'ai fait ce que j'étais venu faire. Je suis arrivé dans cette room comme on entre dans un rade où l'odeur colle au mur, j'ai observé, j'ai pris la température, j'ai repéré les failles, j'ai serré des mains, j'ai noté les faiblesses, j'ai nourri les égos, j'ai souri quand il fallait, j'ai attendu patiemment. Puis j'ai allumé la mèche. Une petite mèche bien planquée dans les entrailles du salon, et j'ai regardé le feu monter.

J'ai vu les regards changer, j'ai vu la peur, la défiance, les alliances se casser la gueule une à une. J'ai regardé le roi mordre la poussière, et j'ai senti ce frisson. Pas celui de la victoire. Celui du déséquilibre parfaitement provoqué. Le moment exact où le système s'effondre sur lui-même. Et une fois que tout est en flammes, que les fidèles se déchirent, que le trône est vide, je fais ce que font les gens comme moi : je me barre.

Pas d'annonce. Pas de discours. Je n'attends pas qu'on me propose de reprendre les clés. Je laisse les portes grandes ouvertes, les murs encore chauds du carnage. Je pars comme je suis venu : en silence, mais avec le bruit de tout ce que j'ai renversé derrière moi. Je ne cherche pas à régner. Je ne veux pas gérer les plaintes, les MP, les règlements de compte. Gouverner, c'est pour les pauvres types. Moi, je préfère le moment juste avant. Le bordel pur. L'explosion. Ce laps de temps où tout est possible parce que tout est instable. Je suis pas le type qui construit, je suis celui qui défait avec précision. Pas par vengeance. Pas par idéologie. Juste pour montrer que même les empires numériques les plus solides tiennent sur trois conneries : un ego, un secret, une loyauté de pacotille.

Alors je ferme l'onglet. Je supprime le raccourci. Et je laisse derrière moi une pièce pleine de tension, de non-dits, de soupçons. Je sais qu'ils vont continuer à parler de moi sans dire mon nom. Je sais que mon pseudo va traîner, comme une vieille trace indélébile dans les logs. Je sais qu'on va raconter cette histoire avec des versions contradictoires, avec du flou, du fantasme, de la peur aussi. Très bien. C'est parfait. Je n'ai pas besoin d'être présent. Mon passage suffit. Mon absence pèse plus lourd que bien des discours.

Tu fais pas ça pour être aimé. Tu fais ça pour être impossible à oublier.

CHAPITRE 6

DISPARAÎTRE PROPREMENT

"Tu peux changer de nom, de voix, d'odeur. Mais si tu gardes le même ego, ils te retrouveront. - Anonyme »

Nettoyer les traces

Tu veux pas qu'on te cherche ? Alors t'existes plus. T'es plus là. Tu t'effaces comme une pute qui a fait son fric, qui a vidé le mini-bar et qui descend par l'escalier de service. Mais proprement. Pas en panique. Pas à l'arrache. Faut que ta disparition ait l'élégance clinique d'une overdose bien préparée : sans sang, sans cris, sans cadavre. Juste du vide, bien rangé, bien glacé.

Première règle : tu ne "quittes" pas. Tu meurs. Ton pseudo, ton compte, ton historique, ton avatar : tout doit devenir un "deleted account". Froid. Muet. Irrécupérable. Si possible, que ça apparaisse exactement une heure après l'OP. Pas avant, pour pas éveiller les soupçons. Pas après, pour pas laisser le temps aux flics ou aux suceurs de logs de réagir. Une heure. Le temps qu'ils comprennent ce qui vient de leur tomber sur la gueule. Et là : *pouf*, plus rien. Plus personne. Juste un compte fantôme dans les logs. Une voix disparue dans le vacarme.

Alors tu nettoies. Tu purges. Tu t'arraches de là comme une saloperie qu'on arrache à la pince. Tu ne "quittes" pas une room. Tu n'annonces pas ton départ comme une drama queen de forum. Tu meurs, et tu fais en sorte que personne ne puisse faire l'autopsie. Pas de traces, pas d'odeur, pas de souvenirs. Juste un espace vide là où t'étais, un pseudo en "deleted account", et un silence qui fout le doute.

Une heure. C'est le délai parfait. Une heure après ton action, ton message final, ton dernier drop, ton uppercut dans les dents de la room. Tu les laisses se retourner comme des merdes pendant soixante minutes, se balancer des accusations, crier au complot, organiser des votes, et au moment où l'envie de chercher un coupable atteint son pic... *clac*, plus de toi. Compte supprimé. Avatar grisé. Zéro message. Tu deviens un fantôme avec un passif explosif. Et les flics, les modos, les admins et les rageux verront juste : "compte supprimé". Ça suffit à faire chier tout le monde, mais pas assez pour remonter jusqu'à toi.

Mais ça, c'est que la façade. Le vrai nettoyage, il est ailleurs. Il est dans ton matos.

T'as jamais fait ça depuis ta machine principale, évidemment. T'as monté une partition chiffrée, genre avec Veracrypt, planquée dans un fichier ou un disque externe. Cette partition, elle contient une machine virtuelle cloisonnée, genre VirtualBox, avec un OS épuré, parano, customisé. Rien ne sort sans autorisation. Pas de dossier synchronisé. Pas de clipboard partagé. Pas de lien entre l'intérieur et l'extérieur. L'OS hôte ignore même que t'as une vie parallèle à l'intérieur.

Dans cette VM, t'as configuré un navigateur propre, sans extension idiote, sans historique, avec des DNS custom, et un accès via un VPN payé en Monero, ou mieux, un VPN que t'as monté toi-même sur un VPS étranger, genre en Russie, ou dans un bled qui connaît pas encore l'extradition. Ton adresse IP réelle n'a jamais touché les plateformes. Pas même une fois. Tu vis sous un masque depuis le début.

Et à la fin ? Tu fais sauter la partition.

Tu démontes la VM, tu effaces le fichier .vdi, tu l'écrases avec des passes multiples, tu supprimes la partition chiffrée elle-même, tu nettoies les logs système de ton hôte, tu vires toute trace de Veracrypt, tu changes le nom de l'ordi s'il a jamais croisé le nom de la VM, tu vides les caches DNS, les journaux réseau, les historiques des machines virtuelles et les préchargements de RAM.

Et la partition chiffrée ? Elle existe plus. Ni dans ton ordi, ni dans ton disque, ni dans ta mémoire. Même ton putain de mot de passe, tu l'as oublié. Parce que le truc est fait pour ça : être utilisé une fois, pour frapper, puis cramer. Et ta VM n'a jamais eu de lien avec ton identité réelle : pas de mail IRL, pas de connexion aux mêmes heures que ton taff, pas de mimétisme dans la façon de taper.

T'as cloisonné. Chaque identité est un bunker. Tu parles pas comme toi. Tu postes pas comme toi. T'as pas les mêmes fautes. Pas les mêmes emojis. Pas la même syntaxe. Et quand c'est fini, tu fermes la porte, tu balances la clé dans l'océan, et tu fais comme si t'avais jamais foutu les pieds dans cette pièce.

Et ton VPN, tu le coupes. Froidement. Définitivement. Si c'était un VPN acheté à la va-vite, tu changes tout : mail, IP, mot de passe, device. Si c'était ton propre serveur, tu le wipes, tu fais sauter la machine, tu blindes les logs, tu fermes le port SSH, et tu fais croire que le serveur est mort d'une attaque externe. Parce qu'un troll qui se fait griller en traçant sa propre connexion, c'est une insulte à la profession.

Et pendant que les autres s'étripent sur qui a merdé, toi t'es dans ton lit, écran éteint, ordi débranché, le disque démonté, les VPN morts, le téléphone à la poubelle, et ta nouvelle identité déjà prête quelque part.

T'es plus là.

Et même toi, tu pourrais plus prouver que t'étais là et même si tu voulais, tu pourrais pas récupérer tes infos.

Cloisonnement absolu

Chaque identité est une île. Pas une presqu'île, pas un continent partagé, pas un bout de terre relié par un pont de fortune. Une île perdue, encerclée par des eaux glacées, sans port, sans phare, sans foutue carte maritime. Et toi, t'es le navigateur schizophrène qui saute d'une île à l'autre en pleine nuit, sans jamais laisser de trace sur le sable.

Ton pseudo ? Il est unique. Il n'existe que là, dans cette instance, dans cette timeline. C'est pas ton blaze IRL. C'est pas le pseudo que t'avais à l'époque sur Insta. C'est pas un clin d'œil à ton manga préféré ou au prénom de ton chien mort. C'est un outil. Une clé. Un masque jetable que t'enfiles pour une mission précise. Tu peux l'adorer. Tu peux le faire briller. Mais le jour venu, tu le butes. Froidement. Et tu passes au suivant.

Et il ne vit jamais seul. Il a son propre environnement numérique. Tu lui files un VPN dédié, payé avec du Monero si t'es sérieux, ou via une couche de reventes opaques sur Telegram. Il a sa propre machine : une VM, un laptop planqué, un OS monté en session live sur clé USB, peu importe. Mais il ne vit pas sur ta bécane de tous les jours, celle où t'as tes mails, tes factures, tes scripts de boulot et tes photos de vacances. Il a sa propre saleté, ses propres cookies, ses propres fuites potentielles. Et surtout, elles sont pas les tiennes.

Il a son langage, aussi. Son rythme. Sa ponctuation. Sa vulgarité ou son absence de vulgarité. Il dit "ptdr" ou "haha" ou "lol." Il utilise le point final, ou pas. Il écrit en majuscules ou en camel case. Il a ses fautes spécifiques, ses tournures de phrase, son lexique perso. Tu crois que t'écris naturellement ? Tu crois que ton style n'a pas d'empreinte ? Va dire ça à un profiler du FBI ou à un OPJ avec un flair de chacal. Ils te repèrent à ta façon de dire "bordel." Tu veux jouer ? Tu veux survivre ? Apprends à écrire comme quelqu'un d'autre.

Tu cloisonnes. Tout. L'IP, le navigateur, les historiques, les habitudes, les horaires de connexion. Tu veux que même toi, dans six mois, tu puisses plus faire le lien entre deux de tes propres pseudos. Tu dois te perdre dans ton propre labyrinthe.

Tu ne fais aucun croisement. Pas de référence, pas de clin d'œil. Pas de "eh t'as vu ce truc ?" si t'en as parlé ailleurs. Tu balances pas deux fois la même blague, tu commentes pas deux fois un même post avec des styles différents, tu likes pas les mêmes contenus sur plusieurs comptes. Même tes centres d'intérêt doivent diverger. Si dans ta vraie vie t'aimes le rap, fais en sorte que ton alter ego soit fan de métal ou de putain de Vivaldi.

Tu crois que j'exagère ? Tu crois que c'est trop ? T'as jamais vu ce que c'est un vrai recoupement judiciaire. Les mecs te remontent par une phrase que t'as balancée sur deux comptes, à deux mois d'écart. Par un emoji débile que tu mets toujours à la fin de tes messages. Par un moment de connexion trop régulier, qui colle avec ton agenda perso. Par une habitude. Une négligence. Une connerie.

Et tu crois que c'est toi qui va y échapper ? Sérieusement ?

Cloisonner, c'est pas une option. C'est une discipline. C'est une hygiène. C'est un mode de vie. Et si un jour t'as envie de dire à quelqu'un "c'est moi, t'sais, de l'autre salon", c'est que t'as déjà perdu. Le cloisonnement, c'est pas une stratégie, c'est une religion. T'as pas de mémoire centrale. T'as pas de cœur commun. T'es une hydre. Un mille-feuille d'identités sans lien entre elles.

Tu te croises pas. Tu te salues pas. Tu te regardes pas dans la glace.

Et si jamais tu crèves, tu veux que personne ne puisse remonter jusqu'à toi. Même pas toi.

Revenir sans jamais revenir

Tu veux revenir ? Tu veux replonger dans le marécage ? Très bien. Mais tu ne reviens jamais vraiment. Pas en tant que toi. Pas même en tant que l'ancien toi masqué. Tu réapparais, mais tu n'as aucun passé. Tu n'as jamais existé.

Pas de "c'est moi d'avant", pas de "tu te souviens ?" Pas de private joke. Pas de signature cachée. Tu coupes le cordon. Tu arraches la mémoire. Tu laisses ton ancien costume pourrir dans une benne à ordures numérique. Et tu te pointes, frais, inconnu, pas même suspect.

Tu changes de pseudo. Pas un anagramme de l'ancien. Pas une variation. Pas une réinvention stylée. Tu prends un blaze générique, banal, plat. Le genre de pseudo que personne n'a envie de googler. Tu deviens une ombre dans la foule. Un nom de merde, mais un nom efficace.

Tu changes de grammaire. Tu réapprends à écrire. Si t'avais l'habitude de ponctuer comme un fonctionnaire zélé, maintenant t'écris comme un ado dyslexique sous coke. Si t'avais un langage soutenu, tu deviens beauf. Tu changes d'humour, de timing, de sujets de conversation. T'as pas de signature. Tu ne laisses rien qui puisse réveiller la mémoire d'un ancien contact.

Tu changes de stratégie. Si t'étais frontal, maintenant tu fais le caméléon. Si t'étais ironique, tu fais l'innocent. Tu ne refais pas les mêmes erreurs. Tu ne retournes pas sur les mêmes salons. Tu ne commentes pas les mêmes sujets. Tu redeviens observateur. Tu réapprends à lire l'ambiance. Tu redeviens larve avant de redevenir venin.

Et surtout, tu n'avoues rien. Tu ne revendiques rien.

Tu peux croiser quelqu'un que t'as détruit, manip, banni, humilié. Tu ne dis rien. Tu fais comme si c'était la première fois que tu lisais son pseudo. Tu ne ressens rien. Tu ne frémis pas. Tu regardes, tu souris, tu notes. T'es là, dans l'ombre. Inoffensif. Anodin. Invisible.

Tu n'as jamais existé.

Et ça, c'est peut-être le move le plus jouissif du troll. Disparaître après le bordel, puis revenir dans le même champ de ruine, en tee-shirt propre, les mains dans les poches, comme si t'étais passé par hasard.

Et tu sais quoi ? T'es passé par hasard. Parce que t'es un accident, une anomalie, un glitch humain. T'es pas un souvenir, t'es une variable.

T'es le bug dans la matrice.

Le revenant sans mémoire.

Et personne ne saura jamais que c'est encore toi.

CHAPITRE 7

LA MORT EN PRIVÉ : TUER SANS TÉMOIN, SANS PREUVE, SANS RETOUR

"Le plus beau des leaks, c'est celui que tu ne fais jamais. » Parole de stratège de l'ombre.

1. Appuyer là où ça craque : l'art de la pression privée

T'es plus en spectacle. T'es dans les coulisses. Plus de public, plus de coeurs rouges, plus de meute pour applaudir. Là, c'est du duel. Brut. Intime. Sale. Un huis clos numérique où chaque mot, chaque silence, chaque absence est une lame aiguisée. Tu veux faire mal ? Alors tu fais ça en privé. Tu veux le briser ? Tu fais ça sans témoin.

C'est là que la vraie partie commence. Là où les règles n'existent plus. T'as pas besoin d'un pavé. T'as besoin d'un "vu" laissé bien en évidence, d'un message à double tranchant, de trois mots flous qui hantent plus qu'un doxx en plein jour. Tu balances une phrase comme "ça va être compliqué pour toi, je pense" et tu te replies. Plus rien. Silence radio. La cible relit le message quinze fois, analyse chaque mot, cherche ce qu'elle t'a dit ou fait. Elle cherche les failles, là où toi t'as déjà planté tes griffes.

Le silence, c'est ton arme. Le genre de silence qui suinte le mépris. Le genre de silence qui dit "je suis là, mais je ne daigne même pas t'écraser maintenant". Tu laisses la personne en suspens. Entre attente et supplication. T'es pas un bourreau, t'es le mec qui tient la guillotine et regarde la corde s'effilocher lentement. Tu la fais tomber par épuisement.

Et quand t'es inspiré, tu pousses la mise en scène. Tu balances un message à 3h du mat. "Connecte-toi, faut qu'on parle. Channel privé. 3h12. Sois pas en retard." , dans un channel obscur, avec un nom bien tordu du genre "#retourdeflamme" ou "#bientôt". Et tu disparais. Tu viens pas. Tu dors. Tu t'en fous. Mais de l'autre côté de l'écran, t'as un type qui tourne comme un lion sous acide, qui s'imagine tout : l'attaque, le leak, l'humiliation publique, la descente. Il a le cœur qui tape à 180, seul, en slip dans son salon, les yeux rouges et les nerfs tendus. Et toi, tu regardes l'heure passer, comme un sniper qui laisse la cible flipper avant d'appuyer.

Les appels manqués, c'est pareil. Tu envoies un appel, tu coupes avant la sonnerie. Tu laisses un vocal vide. Tu montres que t'es là, mais que tu parles pas. Tu lui dis "je peux le faire", mais tu le fais jamais. Parce que c'est pas l'action qui détruit. C'est la menace de l'action.

Chaque message, chaque absence est une brique dans sa parano. Tu contrôles la narration sans la raconter. Tu l'amènes à se dire qu'elle est observée, surveillée, disséquée. Tu veux vraiment détruire quelqu'un ? Ne l'insulte pas. Laisse-le crever de peur, à petit feu, dans le doute. Le doute est bien plus corrosif que la colère. Et en plus, c'est légal.

C'est ça, l'art de la pression privée.

C'est pas un coup de poing. C'est une longue caresse avec des gants en fil de fer. T'es pas un troll, t'es une méthode d'usure. Une extinction lente. Et crois-moi : la plupart s'effondrent bien avant le premier leak.

2. Sympathiser avec le traître : l'infiltration inversée

Le traître, c'est pas une menace. Le traître, c'est une opportunité. C'est une aubaine. Une bénédiction. Le mec qui trahira, tu le reconnais à quinze bornes. Il a le regard du type qui veut plaire à tout le monde, la langue trop lisse, le dos jamais contre un mur. Il te sourit comme un golden retriever sous amphétamines, et dès que tu détournes les yeux, il court se frotter à l'autre camp pour exister là aussi. Tu le sais. Et tu t'en fous. Parce que c'est précisément ça qui le rend utile.

Tu ne combats pas un traître. Tu le gardes au chaud. Tu le cajoles. Tu le laisses croire qu'il t'intéresse. Tu l'écoutes. Tu lui donnes de l'attention, un peu de chaleur, deux-trois confessions anodines. Rien de compromettant, mais assez pour qu'il se sente VIP. Tu balances du lieu commun emballé comme une info confidentielle. Un petit "je te le dis à toi parce que je te fais confiance", et tu regardes le rat courir au camp d'en face avec ses miettes. Il pense tenir une pépite. En réalité, tu l'as nourri de scories.

Il est persuadé de t'avoir dans sa poche. Il joue l'agent double avec l'assurance d'un James Bond discount. Mais toi, tu sais. Tu sais que c'est un levier. Tu le veux dans le système, pour pouvoir le suivre, l'épier, t'en servir. Il devient ta taupe par procuration. Le mec croit qu'il t'utilise ? Laisse-le y croire. C'est encore plus jouissif quand il croit mener le bal.

Et puis, surtout, le traître est prévisible. Tu sais qu'il va te trahir. Tu sais quand, presque. Tu sens venir la cassure. Il se met à être plus lisse, plus vague. Il parle comme s'il écrivait pour d'autres. Il cite des trucs qu'il n'était pas censé lire. Là, tu sais : il a basculé. Et c'est parfait. Parce que tu avais tout prévu.

Le traître, c'est pas un accident. C'est une fonction. Il n'est pas là pour t'atteindre, il est là pour te servir. Il est l'outil par lequel tu testes les autres. Tu balances une info, et tu regardes où elle réapparaît. Tu poses une phrase, et tu attends de la lire ailleurs. Tu le trahis en premier, discrètement, méthodiquement. Il est persuadé d'être dans le game, mais c'est lui la pièce centrale de ton test de sécurité.

Tu veux t'assurer qu'un cercle est propre ? Balaye-le avec un traître sous contrôle. Tu veux saboter un groupe ? Injecte-lui une taupe qui pense être la sienne. C'est comme filer une arme à un môme : il pense que c'est pour jouer, il ne capte pas que le flingue est chargé à blanc et que tout le monde sait qu'il va s'en servir.

Et quand vient le moment de vérité, quand il te plante dans le dos avec ce qu'il croit être une lame acérée, tu souris. Parce qu'au fond, il t'a jamais touché.

Il a juste validé tout ce que tu savais déjà.

Et en prime, tu récupères son dossier, son historique, et sa trahison en HD pour la ressortir un jour.

Le traître est une ressource. Un outil. Un GPS pour repérer les salopes dans la salle. Tu ne l'aimes pas. Tu ne le respectes pas. Mais tu le remercies de t'avoir montré les crevures.

3. L'attaque différée : frapper quand la garde est baissée

Y'a une règle que les faibles ne comprendront jamais : on ne frappe pas quand on est en colère. On frappe quand l'autre commence à s'endormir. Quand la tension est retombée. Quand l'ennemi baisse les bras en pensant que t'as laissé tomber. Tu veux vraiment lui niquer la tête ? Alors t'attends. Tu laisses la salope aboyer toute seule, se donner en spectacle, hurler à l'injustice, poster des screens, gratter des alliés, convoquer la meute. Tu la laisses brasser de l'air, à vide. Pendant ce temps-là, toi tu te tais. T'observes. Tu notes. Tu stockes. Tu souris.

Le silence, dans cette phase, c'est ton camouflage. Elle pense que tu flippes ? Tant mieux. Elle pense que t'as abandonné ? Encore mieux. Elle commence à relâcher la pression. Elle dort un peu mieux. Elle passe à autre chose. Elle commence à fanfaronner, à raconter que t'as pas eu les couilles. Tu lui as donné ce qu'elle voulait : une fausse victoire. Et ça, c'est du carburant pur. Parce que le pire, c'est pas la guerre ouverte. C'est de croire que t'as gagné alors que l'autre est en train d'aiguiser son scalpel dans l'ombre.

Et puis tu reviens. Pas en hurlant. Pas en insultant. Froid. Net. Précis. T'as les données. T'as les failles. T'as l'angle d'attaque qu'elle a laissé traîner en s'imaginant en sécurité. Tu choisis le bon moment, celui où elle est fatiguée, occupée, en train de poster une photo de brunch à la con. Et là, tu la frappes. Un screen. Une phrase. Une humiliation bien sentie. Tu fais tout péter. En un seul coup. Sans émotion. Sans justification. T'as même pas besoin d'expliquer. Le timing est parfait.

Elle tombe. Brutalement. Parce que la douleur qui vient après la paix, c'est celle qui blesse le plus. Elle comprend pas. Elle pige pas d'où ça sort. Elle croyait t'avoir enterré. Et voilà que tu ressors, comme un vieux fantôme qu'on n'a jamais réussi à exorciser. Elle panique. Elle crie. Elle essaye de se défendre. Trop tard. Le coup est déjà parti.

C'est ça, l'attaque différée. C'est pas une baston. C'est une exécution. Pas dans la rue, pas dans le bruit, mais dans l'ombre. Un coup de scalpel entre deux vertèbres. Et la douleur met du temps à monter, mais quand elle arrive, elle démonte tout. Le troll qui sait attendre, c'est le troll qui gagne.

Tu veux tuer ? T'attends que l'autre ait baissé sa garde. Et ensuite, tu frappes sans bruit.

4. Faire exister la menace sans jamais l'exécuter

Le pouvoir, le vrai, c'est pas dans l'action. C'est dans l'attente. Dans le non-dit. Dans la tension suspendue. Le leak, tu le gardes au chaud comme une arme nucléaire dans une valise diplomatique. Tu l'as, tu le sais, t'as le screen, l'extrait, le vocal, le message. Un truc qui peut faire péter son monde en une seule seconde. Mais tu le balances pas. Non. Tu fais mieux. Tu le suggères.

Tu lâches juste ce qu'il faut. Une capture floue. Un message tronqué. Un extrait sans contexte. Pas assez pour accuser. Mais assez pour flipper. T'ajoutes un "je peux aller plus loin, mais j'vais être sympa." Et tu coupes. Tu regardes la cible se ronger de l'intérieur, se démonter la cervelle, se demander ce que t'as, ce que tu sais, ce que tu vas faire. Tu la laisses cogiter. Elle imagine le pire. Elle voit sa vie défiler. Elle relit ses messages, ses DM, ses posts, elle cherche où elle a merdé. Elle demande autour. Mais personne ne sait. Parce qu'il n'y a que toi.

C'est ça, la domination pure : faire exister une menace sans l'exécuter. T'es pas un flingue. T'es un clic. Un potentiel. Un futur incertain qui plane au-dessus de sa tête comme un fil de fer rouillé prêt à trancher. Tu ne hurles pas. Tu ne frappes pas. Tu insinues. Tu instilles. Tu laisses fermenter la peur. Tu fais entrer la parano dans sa vie comme un poison lent.

Et si elle s'excite, si elle essaye de te provoquer pour que tu balances tout, tu recules. Tu te tais. Tu dis juste "fais gaffe à ce que tu dis, je suis pas seul." Même si c'est faux. Elle sait pas. Elle peut pas savoir. Elle peut plus dormir, elle mange mal, elle change ses mots de passe tous les trois jours. Elle vit dans l'angoisse de ce que tu pourrais faire. Et ça, c'est mille fois plus destructeur que si tu l'avais exposée directement.

Parce qu'un leak, une fois sorti, perd de sa puissance. C'est du bruit, du chaos, puis ça retombe. Mais la peur du leak, elle, dure des semaines. Elle contamine tout. Les relations, les projets, la confiance. Elle explose à petit feu, en silence. Et toi, t'es là, les bras croisés, avec ton petit dossier au chaud dans un coin bien planqué, prêt à tout moment. Pas pour t'en servir. Mais pour qu'elle sache que tu l'as. Et qu'elle n'en sorte jamais indemne.

5. Sortir comme un fantôme : auto-delete et rideau.

Tu balances ton dernier message comme on balance une gifle. Pas un pavé. Juste une phrase bien sale, bien lourde, ciselée comme une lame. Un petit "Bonne chance pour la suite" ou "T'as tout perdu, t'as pas encore compris", et puis c'est tout. Pas besoin de grand final. Pas besoin d'explication. Tu coupes tout. Déconnexion instantanée. Compte supprimé. Historique auto-effacé à 24h. Rien à gratter. Rien à remonter. Rien à expliquer. Le rideau tombe comme une guillotine. Et elle, derrière, elle gueule dans le vide. Elle tape contre les murs numériques. Elle rafraîchit la page, encore et encore, en espérant te voir réapparaître. Mais toi, t'es déjà ailleurs.

T'as laissé une pièce vide. Une odeur de soufre. Un doute permanent. T'as imprimé ta trace sur sa rétine et t'as disparu avant qu'elle puisse comprendre comment. Elle cherche ton pseudo ? Il est "deleted account". Elle cherche les messages ?

Y'a plus rien. Tu t'es vaporisé comme une hallucination sous acide. Et ça, c'est ce qui rend fou. Ce n'est pas le leak, ce n'est pas l'humiliation. C'est l'absence. C'est l'absence de clôture. L'absence de réponse. L'absence d'explication.

Elle voulait une baston ? Elle n'aura pas le deuxième round. Elle voulait une vengeance ? Y'a plus d'adversaire. Elle voulait comprendre ? Elle peut se gratter. Tu l'as laissée avec le mystère, avec la douleur de pas savoir si c'est elle qui a déconné, ou si c'était juste un jeu. Et ça va la hanter. Parce que c'est pas un troll qui s'est acharné sur elle. C'est un fantôme qui l'a baisée mentalement et qui s'est barré sans un bruit.

Tu reviens pas. Tu regardes pas en arrière. Tu crées pas un nouveau compte pour l'espionner. Tu t'en branles. Tu l'as niquée sans contact physique, sans insultes, sans procès. Elle est dans le noir avec ses regrets, ses parano, ses screens qu'elle ne peut plus vérifier. Et elle ne saura jamais pourquoi tu l'as choisie, pourquoi tu l'as visée, ni même si elle était la seule cible. Peut-être que t'en as d'autres. Peut-être que t'étais juste là pour tester un scénario. Peut-être que t'étais pas seul.

Et toi, pendant ce temps ?
Tu dors. Comme un type qui a bien bossé. Comme un fantôme repu. Comme un tueur propre.

CHAPITRE 8

COMMENT NE PAS FINIR EN FESTIN POUR TROLLS

"Il y a des gens qu'on insulte pour le plaisir. Et d'autres qu'on respecte en silence. »

Adapté d'un vieux dicton de BBS des années 90

1. Commence par fermer ta grande gueule : l'humilité, c'est pas une option.

Sur Internet, y'a deux catégories de gens. Ceux qui comprennent qu'ils sont pas là pour briller, et ceux qui se prennent des torgnoles numériques jusqu'à bouffer leurs dents. T'as le droit d'être con, paumé, maladroit. T'as pas le droit d'arriver dans une room comme si t'étais le Christ revenu en claquettes. T'as pas le droit d'écrire ton premier message comme si t'étais déjà admin. Les mecs qui débarquent avec des phrases qui puent l'assurance molle, le ton du mec qui a tout vu, tout lu, tout compris – c'est les premiers à se faire crucifier. Pas parce qu'ils sont pires que les autres. Juste parce qu'ils veulent qu'on croie qu'ils sont mieux.

T'as lu deux articles dans *Les Inrocks* ? Super. Tu penses que la sociologie est un outil d'analyse pour comprendre les dynamiques de pouvoir dans les sous-groupes numériques ? Ferme-la. Ici, c'est pas un amphi. C'est pas un séminaire. C'est pas une table ronde TEDx à la con sur "l'intelligence émotionnelle dans la relation parasociale". C'est une ruelle sombre où personne te tendra la main, sauf pour te la bouffer. T'arrives avec ton petit savoir, tes références, ton ton de mec qui explique la vie à des enfants ? Tu signes ton arrêt de mort. Le troll n'a qu'un seul bouton : celui de la violence ciblée. Et il l'appuie en rigolant, surtout quand c'est toi qui l'as allumé en premier avec ton melon.

Le troll ne te déteste pas parce que t'es stupide. Il en croise tous les jours, et il les laisse tranquilles. Il te déteste parce que tu fais semblant. Tu fais genre t'as tout compris, alors que t'as même pas encore vu le terrain. Tu veux la validation d'un groupe que tu comprends pas. Tu veux qu'on te respecte alors que personne t'a demandé ton avis. Tu te vends comme une autorité, alors que t'es qu'un touriste. Et là, ouais, c'est trop. Là, c'est personnel.

Même ton prof de philo t'aurait collé une claque, s'il avait pas été coincé par la morale républicaine. Alors imagine un mec qui a des captures sur toi, des dossiers, des logs, des screens que t'as oubliés. Lui, il hésitera pas. Et c'est pas un avertissement. C'est une prédiction.

T'as une chance de pas te faire fumer : commence bas. Reste bas. Observe. Comprends les codes. Et si t'as une idée, garde-la au chaud. Dis-toi qu'ici, chaque mot peut être une grenade, et que parfois, celle que tu balances te revient dans la gueule. Et crois-moi, c'est toujours quand t'es en slip devant ton écran, la bouche pleine de ton propre ego explosé, que tu réalises que t'aurais dû fermer ta gueule.

Alors ferme-la. Par pitié. Fais pas le malin. Sois transparent. Parce que sinon, le troll va te faire briller, pas comme une star, non, comme un lampadaire en feu qu'on regarde se consumer, en rigolant, bière à la main.

2. Arrête de dire que t'es HPI ou hypersensible : t'es juste relou.

Faut qu'on se dise les choses franchement. Si t'es en train de pleurnicher dans une bio ou un post sur ton haut potentiel, ton hypersensibilité, ta dyslexie intuitive de l'âme ou je sais pas quoi encore, t'es déjà à poil devant les trolls. Et crois-moi, ils ont pas besoin de beaucoup pour te découper. Leur taf, c'est pas de juger ton QI, c'est de faire sauter ton vernis. Et toi, tu viens de leur filer toute la palette Pantone avec laquelle ils vont repeindre ta tronche.

T'es pas un génie incompris. T'es pas une fleur rare. T'es juste un mec ou une meuf qui digère mal sa médiocrité et qui tente de la déguiser en "différence cognitive". Tu crois qu'on va te respecter parce que t'as passé un test sur Facebook ? Que dalle. T'as déjà perdu. Parce que t'as dit que t'étais différent. Et tu l'as dit fort. Tu l'as hurlé dans un endroit où faut surtout rien dire. Où faut fermer sa gueule et prouver par les actes. Là t'es venu avec ton badge "Je suis spécial", et le troll, lui, il voit pas un surdoué : il voit un punching ball avec une cible clignotante sur le front.

L'hypersensibilité, c'est peut-être vrai. Peut-être que t'as du mal à vivre dans ce monde trop brutal, trop sec, trop injuste. Mais Internet, c'est pas ton psy. C'est pas un cocon de bienveillance. C'est une arène. Et toi, tu viens d'y rentrer avec une pancarte "je pleure facilement". T'es cuit. Brûlé vif. À point. Parce que le troll va pas t'ignorer. Il va te tester. Il va t'effleurer. Puis appuyer. Puis enfoncer le doigt dans la plaie jusqu'à ce que tu cries.

Et là, attention. Le troll qui sent que t'es au bord du craquage, il va pas s'arrêter. Pas parce qu'il est sadique. Parce que t'as demandé à être vu. Parce que t'as réclamé l'attention. T'as pas dit "laissez-moi tranquille". T'as dit "regardez comme je suis complexe, spécial, blessé, mais tellement intelligent". Et tu sais quoi ? Le troll, il déteste les losers qui veulent qu'on les admire.

Arrête. Juste arrête. T'as pas besoin de te définir avec une étiquette de merde pour exister. T'as pas besoin de justifier ta vie de fantôme social par un putain de test de QI passé sur internet entre deux crises de panique. T'es paumé ? C'est pas grave. T'es banal ? Bienvenue dans le club. Mais si tu veux survivre en ligne, commence par pas t'auto-crucifier avec ton putain de syndrome du génie incompris.

Ferme-la. Observe. Apprends. Et surtout, arrête de nous faire croire que t'es au-dessus de la mêlée quand t'as même pas encore compris les règles du jeu. Le troll, lui, il pardonne les faibles. Mais il exécute les mythos.

3. T'es moche ? Alors ferme la cam. Pas besoin d'offrir ta gueule en pâture.

Oui, c'est brutal. Oui, c'est injuste. Et alors ? Internet, c'est pas un refuge. C'est un miroir déformant sous acide. Tu crois quoi ? Que le troll va te complimenter parce que t'as osé montrer ton vrai visage ? T'as confondu un salon Discord avec une séance de thérapie de groupe. Ici, y'a pas de "tu es magnifique comme tu es". Y'a des gens qui screen, qui se marrent, qui zooment sur tes dents tordues, ton fond moisi, tes cernes de vampire dépressif. Et ensuite, ils balancent ça en gif, en meme, en sticker. T'es foutu.

Tu veux survivre dans ce marécage ? Ne donne jamais ton image. C'est pas une question de confiance. C'est une question de stratégie. Ton apparence, c'est ton point faible, ton talon d'Achille, ton stigmate social. Si t'es moche, et crois-moi, t'es probablement moche, tu restes en mode silence radio visuel. Tu parles avec tes idées. Tu t'exprimes avec tes punchlines. Tu construis ton autorité autrement. Mais surtout pas avec ta face pleine de pores mal fermés et ton tee-shirt taché.

Et si t'as un fond de chambre dégueulasse derrière toi, avec un poster moisi, une peluche de quand t'avais douze piges et un rideau IKEA 2007, alors là, c'est double peine. Tu donnes aux trolls les clefs de ta démolition. Ils vont pas avoir pitié. Ils vont se foutre de toi comme s'ils avaient payé l'entrée. Et toi, t'auras offert le spectacle gratuitement.

Tu veux une preuve que montrer ta gueule c'est suicidaire ? Regarde les mecs qui assument trop. Ceux qui arrivent en vocal avec la cam allumée, sourire aux lèvres, œil qui louche, barbe mitée. Ils pensent jouer la carte de l'authenticité. Le troll, lui, il voit un clown qui tend la corde pour qu'on le pende. Il voit un mec qui n'a aucune conscience du terrain. Et ça, c'est le genre de candeur qui te vaut une exécution publique dans les règles.

Et ne commence pas avec "faut pas juger sur le physique". Bien sûr que si, connard. On est sur internet. L'endroit où les gens notent leur plat, leur meuf, leur QI, leur influence. Si t'as pas une tronche bankable, tu couvres. Tu floutes. Tu fermes. Tu rases les murs numériques. C'est moche ? Oui. C'est injuste ? Oui. C'est la réalité ? Oui. Bienvenue dans la jungle.

Alors sois pas con. Montre jamais ta gueule. Sauf si t'as une gueule de film, une lumière de ciné et une répartie de sniper. Et encore. Même là, c'est risqué. Parce que sur le web, tout ce que tu donnes sera retourné contre toi.

Et si t'as pas compris ça, t'as rien à foutre ici.

4. T'attaques les faibles ? T'es pas un troll, t'es une merde.

Tu t'en prends à la meuf timide du serveur ? À l'ado paumé qui poste ses poèmes à deux balles ? Au vieux gars un peu bizarre qui met trois plombes à formuler une phrase ?

Bravo, champion. T'as gagné le droit de passer pour la pire des sous-merdes.

Parce que le vrai troll, celui dont je parle depuis le début, il tape vers le haut. Il vise les puissants, les frimeurs, les gourous de pacotille, les petits chefs arrogants. Il dérègle le système, pas les mecs déjà au bord du précipice. Toi, tu vois quelqu'un de fragile et t'y vas à la batte comme si c'était du sport ? T'es pas un troll. T'es une raclure.

Tu veux un applaudissement parce que t'as humilié un mec qui galère à aligner trois mots sans trembler ? Tu veux du respect parce que t'as fait pleurer une fille qui avait osé dire "non" à ton DM dégueulasse ? Non. T'auras rien. Juste du mépris. Et encore, si t'as de la chance.

T'as cru que c'était ça, le trolling ? Faire saigner les faibles pour exister ? T'es même pas dans le game. T'es le paillasson de l'humiliation. Un tout petit mec qui essaie d'être grand en jouant au loup devant des agneaux.

Mais t'as pas compris une chose essentielle : les gens regardent, et ils jugent. Ils aiment le sang, ouais. Le chaos, ouais. Mais ils savent reconnaître une merde quand ils en voient une. Ils te regarderont comme un animal de cirque, pas comme un sniper. Et dès que ça tournera, ils se jetteront sur toi comme des hyènes. Parce qu'un mec qui tape les faibles, c'est aussi un mec qu'on peut démonter sans scrupule. Et ça, crois-moi, y'a toujours un troll plus intelligent que toi pour s'en charger.

Tu veux durer dans ce monde ? Tu veux avoir un minimum de respect dans l'ombre ? Alors tu touches pas aux faibles. Tu les observes, tu les laisses tranquilles, tu les contournes. Tu veux du sport ? Vise le mec qui parle trop. Le gourou. Le dominateur. Le prof de morale. Le coach à deux balles qui vend du vent. Tu veux une vraie baston ? Tape sur un gars qui peut te répondre. Qui a des armes. Qui a un clan. Qui va te forcer à réfléchir. Là ouais, c'est du troll.

Mais taper sur quelqu'un qui peut pas se défendre, c'est pas un acte. C'est une pathologie. C'est de la frustration recrachée sur plus faible que soi. C'est l'arme des lâches, des violents du dimanche, des humiliés chroniques devenus bourreaux pour compenser leur bite molle.

Et je te le dis sans pincettes : si c'est ça ton kiff, tu mérites même pas qu'on te troll. T'es juste un fichier à signaler. Un déchet numérique. Un vomi qui traîne en DM.

T'attaques les faibles ? Alors ouais, t'es une merde. Et dans ce livre, on parle pas des merdes.

5. Inspire le respect ou, au pire, l'indifférence.

T'as pas besoin d'être aimé. T'as pas besoin d'être suivi. T'as même pas besoin d'être compris. Mais putain, t'as intérêt à inspirer un minimum de respect. Ou à défaut, qu'on t'ignore, qu'on te laisse végéter dans ton coin parce que t'as pas assez d'arrogance ou de connerie pour mériter qu'on te marche dessus.

Tu veux un modèle ? Regarde Keanu Reeves. Le mec est partout, ultra-exposé, des millions de vues, des caméras dans la gueule, des micros tendus H24. Et pourtant, personne le troll. Pas un. Même les pires rats du Net, les hyènes de forums défoncés, ferment leur gueule quand ils voient sa tronche. Pourquoi ? Parce qu'il est clean. Parce qu'il n'humilie pas. Parce qu'il la ramène pas. Il a ce truc rare : la décence. La classe discrète. L'humilité qui dit "je pourrais t'écraser, mais j'ai pas besoin de le prouver. »

Et c'est ça la leçon. Tu veux pas finir dans le viseur ? Alors fais profil bas. Pas profil soumis. Pas profil larve. Profil droit. Calme. Clair. Tu balances pas ta misère en stories, tu chouines pas sur Twitter pour une rupture ou parce que ton boss t'a ghosté. Tu cries pas "HPI" pour justifier ton absence de vie sociale. Tu fermes ta gueule, tu bosses, tu dis merci quand t'as un compliment, et tu te déconnectes sans faire d'esclandre.

Parce que le troll, le vrai, il cherche pas le sang pour le sang. Il cherche le mec qui veut briller sans lumière, qui veut dominer sans talent, qui croit que sa petite merde de parcours mérite une médaille. C'est ça qu'il va aller chercher. Pas le gars banal mais digne. Pas celui qui s'expose pas, qui reste debout sans se la raconter. Celui-là, on le laisse tranquille. Parce qu'il n'y a rien à prendre, rien à faire tomber.

Donc non, t'as pas besoin d'être un Keanu Reeves. Tu vas pas devenir une légende du Net du jour au lendemain. Mais si tu peux pas être respecté, sois au moins transparent. Discret. Lisse. Vide. Une ombre parmi d'autres. Parce que les trolls, ils flairent le sang, l'ego, le faux prestige. Ils flairent la pose, la frime, l'envie de dominer. Et ils mordent là où ça fait mal.

Tu veux pas qu'on vienne te crever les yeux avec un gif malveillant ou une punchline en DM ? Donne rien à croquer. Pas de vanité, pas d'arrogance, pas de façade. Tu veux survivre ? Sois neutre. Sois digne. Et surtout, ferme ta putain de gueule.

6. Ne nourris pas le troll, espèce de putain d'imbécile.

Tu l'as fait, hein. T'as pas pu t'empêcher. T'as répondu. T'as cliqué. T'as voulu "remettre les pendules à l'heure".
Tu t'es senti pousser des ailes, tu t'es dit que t'allais laver ton honneur numérique avec trois punchlines piquées à Booba et un emoji bien placé.

Erreur fatale.

T'as merdé, mec. T'as fait exactement ce qu'il attendait. Tu lui as tendu la laisse. Tu l'as invité dans ton salon.
Tu t'es foutu tout seul dans la cage aux lions avec une côtelette autour du cou. T'as laissé du sang, du vrai. Une trace. Une réaction. Tu t'es justifié, tu t'es indigné, t'as même peut-être fait un thread ou un live Insta pour dénoncer "les violences en ligne ». Bravo. T'es devenu du contenu. T'as attiré le troll à toi comme une mouche sur un étron bien frais.

Le troll ne t'attaque pas au hasard. Il sent l'odeur. Il repère les fragiles, les nerveux, les en quête de validation.

T'as posté un screen de ta meuf ? Une citation sur ton hypersensibilité ? Un post LinkedIn où tu expliques que t'es "HPI et incompris" ? T'as signé ton arrêt de mort.

Et tu continues à répondre. T'as l'impression de te défendre, de te battre pour ta dignité. Mais tu creuses juste ta tombe. Tu t'enfonces. Chaque message, chaque indignation, chaque "vous êtes des malades", c'est une giclée d'essence sur l'incendie. Et lui, le troll, il te regarde te débattre dans les flammes, il enregistre tout, il planifie la suite.

T'as nourri la bête.
C'est trop tard, maintenant.

Tu peux encore tenter de te dépêtrer de la merde où tu t'es vautré. Tu peux essayer de couper le contact, supprimer tes messages, bloquer, te terrer, faire profil bas. Mais le troll a vu ton visage. Il a goûté ta panique. Il sait que t'es un distributeur automatique de nerfs à vif. Il sait qu'un jour ou l'autre, tu vas reposter. Et il sera là.

Alors retiens ça : t'es pas au tribunal. Tu convaincras personne. Le Web est un ring, pas une salle de conférence. Le silence, c'est ta seule chance. L'oubli, ton seul espoir. Ne nourris pas le troll. Jamais.

Fais le mort. Disparais. Rase les murs. Et prie pour qu'il trouve une proie plus juteuse. Parce que s'il te garde dans sa ligne de mire, c'est pas un thread que tu vas prendre. C'est une guerre froide longue de mois, avec des captures, des fake leaks, des petits coups de pression à 3h du mat.
Il va t'user comme une pierre ponce sur un nerf à vif. Et

t'auras que tes larmes pour l'émouvoir. Le troll, c'est pas un monstre. C'est un miroir. Et si t'as fini dans sa ligne de mire, c'est peut-être aussi que t'as trop kiffé te regarder parler.

CHAPITRE 9

TROLLS CÉLÈBRES : CEUX QUI TROLLENT SOUS LES PROJECTEURS

"Le chaos n'est pas un gouffre. C'est une échelle. »

Lord Petyr Baelish, connard mythique et stratège de l'enfer

T'as cru que le trolling, c'était réservé aux mecs en capuche sur des forums obscurs ? Erreur, mec. Le troll est partout. Et parfois, il se balade en costard, il passe sur BFM, il gère des empires, ou il écrit des lois.

1. Donald Trump : le président-troll qui a redéfini la propagande

Faut être honnête : si t'as jamais vu Trump comme un troll, c'est que t'as pas assez traîné dans les tranchées du net. Le mec est pas juste un businessman pourri ni un ex-président à moitié sénile. C'est un stratège du chaos, un enfant du 4chan originel, déguisé en chef du monde libre. Il tweete comme un ado sous amphétamines, écrit en caps lock, invente des surnoms débiles, humilie ses ennemis en 280 caractères, et fout des hashtags comme des grenades.

Il balance "Sleepy Joe", "Crooked Hillary", "Fake News" comme si c'était des slogans de clodo en colère, et le pire ? Ça marche. Les mecs en face répondent comme s'ils étaient face à un président classique. Grave erreur. Tu réponds à un troll comme à un diplomate, t'as déjà perdu. Le mec s'est fait élire en trollant, a gouverné en trollant, et a perdu le pouvoir... en criant au troll, dans un immense troll final à base de "STOP THE COUNT".

Il a fait ce que font tous les bons trolls : il a occupé l'espace. Il a dominé la timeline. Il a épuisé l'attention collective à coup de scandales quotidiens. Un jour c'était une insulte raciste, le lendemain une prise de position climato-négationniste, après-demain un appel au soulèvement. Et les médias ? Ils ont tout gobé. Chaque mot, chaque virgule, chaque faute de frappe devenait une alerte rouge. C'était pas une erreur. C'était un piège. Il disait n'importe quoi pour que tu le regardes. Et pendant que t'étais hypnotisé, il faisait le vrai sale en douce.

Ce mec a compris avant tout le monde que la politique, aujourd'hui, c'est un ring. Un théâtre de guerre cognitive. Et qu'un bon troll, c'est plus efficace qu'un ministre des armées. Il t'a retourné les règles, il a ridiculisé les institutions, il a explosé les codes de la bienséance avec un rire gras et un doigt dans le nez. Tu pouvais être le meilleur analyste géopolitique du monde, t'avais pas de réponse face à un "Sad!" balancé entre deux majuscules.

Trump, c'est la preuve que le trolling, quand il est fait avec du fric, des équipes, des réseaux sociaux, et une impunité totale, peut renverser des démocraties. Pas un troll de forum. Un troll d'État. Et le plus flippant ? C'est que même banni, même désavoué, même foutu dehors, il continue. Il revient. Il s'incruste. Il trolle encore. Parce qu'un bon troll, ça ne meurt jamais. Ça disparaît un moment. Puis ça revient. Plus vicieux. Plus déterminé. Plus corrosif.

Et si un jour tu veux comprendre pourquoi ton fil d'actu ressemble à un délire sous acide, pourquoi les gens parlent comme s'ils étaient tous des commentateurs YouTube possédés, faut regarder ce que Trump a déclenché. Il a installé le chaos comme méthode. Il a réhabilité l'insulte comme argument. Il a normalisé la haine en 4G. C'est pas un président, ce mec. C'est un mème devenu réel. Un shitpost incarné. Et le plus dingue dans tout ça ?

C'est que ça a failli marcher.

2. Elon Musk : le troll milliardaire qui a racheté son terrain de jeu

T'as déjà vu un troll avec une fusée, une bagnole électrique, une armée de fanboys en rut et un chéquier qui a pas de fond ? C'est Elon Musk. Le mec a pas juste levé des milliards, envoyé des satellites ou créé des voitures silencieuses pour riches urbains sous coke. Non, Musk, c'est le fantasme du troll absolu : celui qui, au lieu de se faire ban de Twitter, a sorti le portefeuille et a dit *"OK, je l'achète."*

Et il l'a fait. Comme un petit dictateur capricieux qui supporte pas de se faire reprendre. Comme un ado millionnaire qui hacke le serveur Minecraft du collège parce qu'on lui a volé ses blocs. Musk, il voulait pas changer le monde. Il voulait troller le monde, en direct, avec des mèmes de cul et des blagues en ASCII.

T'as vu ses tweets ? Un coup il parle de l'intelligence artificielle qui va tous nous buter, le lendemain il te balance une photo de lui avec un flingue en plastique et des yeux injectés de sang, en disant qu'il va "libérer la liberté d'expression". Le surlendemain, il vire trois ingénieurs en direct, avec un gif de Pepe la grenouille.

Il se prend pour un génie incompris, mais agit comme un gosse qui vient de découvrir Reddit. Il fait des sondages pour savoir s'il doit réintégrer Trump ou bannir des journalistes. Il supprime les comptes qui le critiquent et traite ses employés comme des mobs dans *Doom*. Musk, c'est pas un PDG. C'est un troll qui s'est incrusté à la tête de la plus grosse machine de communication au monde.

Il a retourné Twitter comme un salon IRC. Il a foutu en l'air des années de modération, de tentative de sérieux, d'illusions démocratiques. Il a montré que le fric, quand il est mis au service du chaos, devient une arme nucléaire. Il a viré les modérateurs, fait flamber les théories complotistes, encouragé les pires énergumènes à revenir. Et quand tu crois qu'il est au fond du trou, il poste une photo de son chien déguisé en PDG.

Musk, c'est le troll 3.0. Connecté à Starlink. Équipé de Tesla. Sous acide numérique constant. Il croit qu'il est Nietzsche. Il agit comme un admin de forum bourré. Et le pire ? C'est que des millions de gens le suivent, le défendent, le citent comme un visionnaire. Alors qu'il est juste là pour foutre le feu au théâtre et regarder les rideaux brûler en se branlant sur les retweets.

C'est pas un modèle. C'est un avertissement. Un aperçu de ce que ça donne quand le troll ne veut plus jouer mais construire les règles du jeu à son image. Un gosse qui n'a jamais grandi, qui veut tout contrôler juste pour mieux tout détruire. Elon, c'est pas le futur.

C'est un bug du présent.

3. Sandrine Rousseau – Génie du troll intersectionnel

Tu veux une masterclass de trolling moderne ? Regarde Sandrine Rousseau.

Pas besoin de pseudo, pas besoin de forum underground, elle fait tout à visage découvert. Mieux encore : elle fait ça depuis l'Assemblée nationale, avec le badge République en bandoulière. Elle a compris un truc que peu de monde maîtrise : dans un monde saturé d'opinions molles et d'indignation tiède, la meilleure arme, c'est la dissonance cognitive. Tu balances une punchline qui semble conne à première vue, mais qui plante sa graine dans tous les cerveaux – amis, ennemis, commentateurs. Et là, t'as gagné.

Parce que tout le monde en parle. Parce que t'as dicté l'agenda.

Elle est pas là pour convaincre, Rousseau. Elle est là pour désorganiser.

Elle prend une cause, elle la pousse jusqu'à l'absurde, elle crée le malaise. Et quand les autres commencent à grincer, elle enfonce le clou. Le patriarcat dans le barbecue, le masculinisme dans les cravates, l'oppression systémique dans la tondeuse à gazon. Chaque phrase est calibrée pour qu'on se foute de sa gueule et c'est précisément ça, le move de génie. Parce qu'en se foutant de sa gueule, on relaie son discours. On le dissèque, on le démonte, on le partage. Résultat : elle est partout.

Elle utilise X(Twitter) comme un champ de mines rhétorique. Elle drop un tweet et elle laisse les boomers, les fachos, les centristes et les gauchistes se battre dessus pendant trois jours. Pendant ce temps, elle avance. Elle observe. Elle calcule. Elle ajuste sa prochaine charge virale.

Troller, c'est pas insulter. C'est déranger. Et elle dérange tellement qu'elle rend fous ses propres alliés. Même dans son camp, on ne sait pas si elle est sincère ou en roue libre. C'est ça, l'élégance du chaos. C'est pas une élue, c'est un glitch dans le système parlementaire. Une anomalie algorithmique avec carte de presse et attaché parlementaire.

Et au final, elle s'en fout d'être aimée. Elle veut juste qu'on ne puisse pas l'ignorer. Et ça, dans l'art du trolling pur, c'est le niveau boss final.

4 - Didier Raoult : le druide marseillais qui a trollé la planète

Faut pas se mentir, Didier Raoult, c'est pas un scientifique. C'est un personnage. Une création. Une espèce de Gandalf passé au pastis, un druide en blouse blanche sorti tout droit d'un film de Jean-Pierre Mocky. Le type a une gueule de vieux punk reconverti en prophète, une tignasse blanche qui dit "j'emmerde vos shampoings", et ce regard de mec qui sait qu'il a raison, même quand il a tort.

Quand le monde entier paniquait avec ses PowerPoint en boucle et ses mesures sanitaires en cascade, lui, pépouze dans son labo à Marseille, balançait que la chloroquine, c'était le remède miracle. Avec le ton du daron bourré au PMU qui t'explique que les aliens gouvernent la Bourse. Et ça a pris. Les mecs en costard qui suçaient les chiffres du Lancet se sont fait rouler dessus par ce professeur aux allures de clodo éclairé. Même Trump a repris ses thèses. Là, tu sais que t'as trollé la matrice.

Raoult, c'est pas un scientifique au sens classique. C'est un troll d'élite. Le genre qui te balance une vérité floue avec assez de charisme pour que t'oublies de vérifier les chiffres. Il s'est pointé comme un cheval de Troie à l'Académie des Sciences, avec ses slides bricolés et sa dégaine de vieux rocker en garde à vue. Il a trollé les élites médicales, l'État, les médias mainstream et les plateaux télé avec un calme olympien.

Il a joué solo, contre tous. Et il a gagné, un temps. Pas parce qu'il avait raison. Mais parce qu'il avait le public. Le vrai. Celui qui crache sur Paris, qui pense que l'Institut Pasteur est une secte, et qui voit dans chaque masque une muselière du nouvel ordre mondial. Il leur a parlé comme à des potes. Il a trollé le système de l'intérieur, en blouse, en barbe et en egotrip.

Et quand la machine s'est retournée contre lui, quand les experts sont revenus, les contre-études, les procès d'intention, les menaces de radiation… qu'est-ce qu'il a fait ? Rien. Il a continué à parler. À faire des vidéos YouTube. À balancer ses punchlines entre deux slides flinguées. Il a transformé la médecine en talk-show. Il s'est auto-méméifié.

Raoult, c'est pas juste un troll. C'est l'illustration parfaite que *le savoir ne fait pas le pouvoir*, mais que *la forme, la gueule, le style*, eux, peuvent foutre le bordel bien plus longtemps que la vérité.

Il a prouvé qu'en 2020, t'avais pas besoin d'avoir raison pour avoir raison.

Il fallait juste parler plus fort. Plus bizarre. Plus marseillais.

5 - Jean-Claude Van Damme : le troll cosmique, en grand écart entre deux dimensions.

Jean-Claude, putain. Jean-Claude.

Le seul mec au monde qui peut te parler d'un dauphin, de l'amour universel et de la gravité quantique dans la même phrase, sans se démonter, sans respirer, et avec les yeux qui brillent comme s'il avait vu Dieu torse nu. Le roi du kick, mais version astrale. Une punchline incarnée. Le Bruce Lee sous LSD, avec des éclairs dans le cerveau et du coca light dans les veines.

Van Damme, c'est le troll ultime. Pas le troll cynique, pas le troll destructeur. Le troll involontairement génial. Le genre de mec qui balance des absurdités avec tellement de sincérité que t'es incapable de dire s'il se fout de ta gueule ou s'il a atteint un niveau d'éveil auquel toi, pauvre mortel, t'auras jamais accès.

Tu veux une preuve ? Écoute-le une fois :

"Si tu téléphones à une voyante et qu'elle ne décroche pas avant que ça sonne, raccroche."

Et là, t'as tout.

La fragilité maquillée en muscles, la philosophie de PMU, le délire mystique, le troll absolu.

Et ce n'est pas un rôle. Le mec est authentiquement barré. Il croit ce qu'il dit. C'est ça qui le rend incontrôlable, inclassable. Il parle d'univers parallèle, de spiritualité, de temps circulaire, et personne n'ose l'interrompre. Même les journalistes se taisent, hypnotisés par ce flux de conneries célestes. Parce que Van Damme, c'est pas un mec. C'est une onde bizarre. Il existe sur une fréquence différente, et toi, t'as pas l'antenne.

Mais attention. Faut pas le sous-estimer. C'est pas juste un ancien bodybuilder reconverti en gourou has-been. C'est un survivant. Il a explosé Hollywood à coups de high kicks, s'est ruiné, a sniffé la moitié de la Colombie, est tombé, s'est relevé, et maintenant il te parle du triangle de la vie en mode Illuminati cool. Et t'écoutes. Parce que le mec a une présence. Une puissance du non-sens. Il est devenu un même vivant, une punchline ambulante, une légende de salon de coiffure.

Van Damme, c'est le troll que la vie a oublié de censurer. Une intelligence parallèle planquée sous des pecs mythiques et des fulgurances philosophiques de cours de récré. Il est trop chelou pour être contrôlé, trop candide pour être détesté, trop barré pour être rattrapé. Il existe. Et c'est déjà un problème pour le réel.

Alors tu le regardes faire le grand écart entre deux poids-lourds, tu l'écoutes te parler du temps qui est comme une pizza, et tu te dis que c'est peut-être ça, la vraie sagesse.
Ou alors juste une gigantesque performance trollesque à l'échelle cosmique.

Mais franchement…

Tu préfères écouter Macron ou Jean-Claude Van Damme ?

6 - Kanye West : mégalo céleste, troll toxique

Kanye West, c'est pas un troll comme les autres. C'est une comète sous acide, un prophète du chaos qui a pris le micro et qui a décidé que son délire méritait d'écraser le monde entier. Il est là, en roue libre permanente, entre éclairs de génie musical et descentes aux enfers publiques. Il a commencé en poète de rue, il a fini en prédicateur allumé qui t'explique qu'il va se présenter à la présidence des États-Unis tout en balançant des saloperies antisémites en direct live.

Parce que oui, Kanye, c'est pas juste un égo surdimensionné. C'est devenu une bombe toxique. Le mec a dépassé le trolling. Il est entré dans une zone grise, où l'outrance n'est plus drôle, où la provoc devient une arme de merde. Quand tu postes "I like Hitler" ou que tu t'enfonces dans des délires conspirationnistes sur les Juifs, t'es plus un troll, t'es une putain de nuisance. Un danger. Un pantin utile pour les pires courants de pensée, ceux qui se frottent les mains en se disant que "même Kanye est d'accord avec nous".

Et c'est ça le vrai drame de Kanye : il aurait pu rester une légende du contre-pied, un artiste dérangeant mais visionnaire. Il a choisi de devenir un outil pour les réacs, un clown triste aux idées moisies. Il a transformé sa mégalomanie en pipeline pour toutes les idéologies les plus pourries de la toile.

Faut pas se tromper. C'est pas parce que t'es imprévisible que t'es un génie. C'est pas parce que tu vomis la norme que t'es subversif. Parfois t'es juste dangereux. Kanye est devenu ça. Un mec qui croit qu'il joue aux échecs 4D alors qu'il donne de la force à des idées criminelles. Il a pris le costume du troll et il l'a sali avec ses propres excréments.

Le troll, le vrai, celui dont je parle dans ce livre, il tape les puissants, il dérègle les codes, il fout le feu aux mensonges. Kanye, lui, il a juste craqué. Il est passé de flambeur borderline à mégalo antisémite. Et ça, c'est pas du trolling. C'est de la trahison. Trahison de son art. De son public. Et de cette liberté qu'il prétendait défendre.

Qu'il continue de faire de la bonne musique, peut-être. Mais pour le reste ? Qu'il ferme sa gueule, et qu'il évite de flinguer la culture qu'il a longtemps enrichie. Parce que le Kanye des débuts, celui de *College Dropout*, méritait d'être respecté. Le Kanye d'aujourd'hui, lui, mérite d'être recadré, fermement, sans applaudissements, sans excuses, sans likes.

7 - Andrew Tate, Le troll testostéroné

Andrew Tate, c'est pas un homme, c'est un bras. Un biceps géant connecté à un compte X (Twitter), avec une mâchoire serrée, des punchlines de beauf boosté aux stéroïdes et une Rolex à chaque poignet. Le mec a pris tous les complexes d'infériorité de la planète masculine et il en a fait un business. Un troll ? Oui, version anabolisée, version crypto-macho, version "je te vends du rêve en te hurlant dessus".

Il est là, torse huilé, lunettes noires, cigare au bec, en train d'expliquer à des ados en manque de repères que la solution à leur vie de merde, c'est de mépriser les femmes, de mépriser les pauvres, de mépriser tout ce qui ressemble à un humain qui doute. Il a la voix grave et les idées courtes. Et ça marche. Parce que la haine bien packagée, ça fait des vues. Parce que le darwinisme social, quand tu le déguises en "discipline de winner", ça fait bander les gosses perdus.

Tate, c'est le coach de vie pour ceux qui veulent faire du fric en pensant avec leur queue. Il te parle de "Matrix", de "vérité masculine", de "gynocratie toxique", avec le ton de celui qui pense avoir hacké la Matrice, alors qu'il a juste recyclé les pires poncifs d'un manuel de pick-up artist de 2004. Il est le croisement bâtard entre Jordan Belfort, un coach fitness de salle low-cost, et le gourou d'une secte libertarienne.

Et comme tout bon troll, il connaît la recette : choquer, répéter, viraliser. Il fait pas dans la nuance, il fait dans la kalash verbale. Tout est exagéré, monté à fond. Même son casier judiciaire, il en fait un argument marketing. Accusé de traite d'êtres humains ? Il transforme ça en storytelling. Misogynie crasse ? Il appelle ça "vérité brute". Il vend du dégoût de l'autre comme s'il vendait des barres protéinées. Et les gamins achètent.

Mais ce qu'il vend surtout, c'est une image. Une caricature de mec alpha version TikTok. Le genre de gars qui pense que lire Sun Tzu fait de toi un stratège et qu'une Bugatti compense l'absence d'intériorité. C'est pas un rebelle. C'est un vendeur de vide. Un influenceur du mal-être. Un troll qui ne s'en prend pas aux puissants, mais qui renforce les pires hiérarchies.

Il ne libère personne. Il enchaîne. Il formate. Il pousse à haïr, à mépriser, à dominer, sans jamais remettre en cause les structures qui broient tout le monde. C'est pas un libérateur, c'est un petit tyran numérique. Un aspirateur à failles humaines, un produit toxique de l'algorithme.

Tu veux un vrai troll ? Un mec qui retourne les règles, qui fout le bordel dans les conforts bien établis ? Oublie Andrew Tate. Lui, c'est juste le troll des dominants. Il est du côté de ceux qui cognent déjà. Et ça, c'est pas du chaos. C'est juste de la collaboration.

8 - Cyril Hanouna – Le Troll-Messie du PAF

Tu peux l'aimer ou le haïr, mais Cyril Hanouna, c'est pas un clown. C'est un stratège. Un maître du timing. Un chirurgien du chaos médiatique. Le type a compris avant tout le monde que l'ère du débat, c'était fini. Que les plateaux de télé n'étaient plus là pour penser, mais pour tordre, provoquer, secouer. Il a pris le troll, l'a sorti des caves de 4chan, lui a mis un micro, et l'a catapulté en prime time.

Hanouna, c'est pas un troll de forum aigri. C'est le troll en costard, le troll qui connaît la régie, les taux de pub, les fenêtres d'audience. Il ne jette pas des pavés, il balance des séismes. Il n'a pas besoin d'être profond. Il sait que la surface, c'est tout ce qui compte aujourd'hui. Il vend de l'émotion brute, de l'absurde, du spectaculaire, et il le fait avec une précision chirurgicale.

Tout le monde le critique ? Parfait. C'est exactement ce qu'il veut. La haine, c'est son carburant. Plus on le démonte, plus il grimpe. Parce que pendant que les "experts" pleurnichent dans *Télérama*, lui parle aux vrais gens. Pas aux éditorialistes sous Lexomil. Pas aux snobs du 6e arrondissement. Il parle à ceux qui n'ont plus de représentants, à ceux que personne n'écoute, à ceux qu'on traite de beaufs, de cassos, de populistes. Et tu sais quoi ? Il les rend visibles. En les foutant en direct, avec leurs maladresses, leur colère, leur humour sale. Il leur rend une place dans l'espace public.

Et faut pas croire qu'il improvise. Hanouna, il sent les failles sociales comme un chien de guerre flaire les mines. Il invite un facho, puis une meuf de LFI, puis un youtubeur dépressif, puis un tiktokeur illettré. Et il les fait parler. Il les fait exploser. Il les laisse s'embourber. Il crée l'arène, il jette les gladiateurs, et il regarde le sang couler. Mais c'est pas de la cruauté. C'est de la lucidité. Il sait que le public veut du réel, même s'il est sale, même s'il pue. Et lui, il le sert sur un plateau.

Alors ouais, c'est pas du Sartre. C'est pas *La Grande Librairie*. Mais c'est du vrai. Du vivant. Du dérangeant. Et ça, aujourd'hui, c'est plus subversif que n'importe quel discours bien-pensant.

Hanouna, c'est le troll ultime parce qu'il a hacké la télé elle-même. Il a piraté le système. Il a infiltré la norme et l'a retournée de l'intérieur. Il n'a pas besoin de pseudonyme, de VPN, de serveur en Russie. Il fait tout à visage découvert, avec le sourire, en direct sur C8.

C'est pas un mec qui troll.

C'est la télé qui est devenue son troll.

Il vient de faire sauter la chaîne. C8 s'est fait flinguer par les costards gris de la vertu, par les pisse-froid de la régulation, par les croisés de la modération bienveillante. Ils croient avoir eu sa peau ? Ils n'ont rien compris. Parce qu'un troll comme Hanouna, ça meurt jamais. Ça mute. Ça change de skin. Ça revient ailleurs, plus fort, plus libre, plus toxique.

La chaîne est morte ? Très bien. Mais comme tout bon troll, il avait déjà un deuxième compte prêt à reprendre le flambeau. Nouveau décor, nouveau logo, même bordel. Il va renaître sur une plateforme où personne ne pourra le calmer, où il fera son show sans muselière, sans filtre, sans CSA.

Hanouna n'a pas perdu. Il a juste changé de terrain. Et maintenant ?

Ils vont le regretter.

9 - Le bestiaire est trop vaste

Il y en aurait encore des dizaines à citer. Des trolls brillants, monstrueux, ambigus. Des figures qui foutent le feu en une phrase, qui retournent une opinion publique avec un sourire en coin. Des génies du chaos, des architectes de la polémique, des sapeurs de certitudes. Certains le font consciemment, d'autres par instinct. Certains sont politiques, d'autres purement égotiques. Mais tous ont un point commun : ils savent foutre le bordel là où les autres cherchent la paix. Et parfois, cette paix méritait d'être fracassée.

Mais voilà. Si on devait vraiment les passer tous au crible, ce chapitre deviendrait un livre à part entière. Un bestiaire du troll moderne. Une encyclopédie du trouble-fête. Une galerie d'ombres et de néons. Ce n'est pas le but ici. L'objectif n'est pas de les sanctifier, ni de les juger. Juste de rappeler qu'ils existent. Qu'ils rôdent. Qu'ils font partie du paysage.

Et si vous avez l'impression que certains noms manquent, c'est peut-être parce qu'ils n'étaient pas assez bons.
Ou peut-être... qu'ils sont encore là.

Silencieux.

À vous observer.

CHAPITRE 10

CODE D'HONNEUR DU BÂTARD MASQUÉ

"Tu veux briller ? Deviens une cible. Tu veux durer ?
Éteins la lumière."

Aphorisme numérique pour initiés

1. Tu règles ça en troll, pas en victime.

Faut qu'on se mette d'accord tout de suite : t'es pas là pour faire ton fragile. Si t'as ouvert la bouche, si t'as balancé un pic, une vanne, une embrouille… alors t'assumes. Tu viens pas jouer au sniper et courir ensuite te planquer derrière la robe d'un juge comme un môme qui a cassé un vase. Si t'as déclenché une guerre, t'as pas le droit de pleurnicher quand ça riposte. C'est la base. C'est la règle d'or. Tu t'es foutu dans le game ? Alors tu joues.

Parce que porter plainte pour du trollage, c'est l'équivalent numérique de hurler au viol parce qu'on t'a traité de con. Tu veux l'étiquette de troll, mais tu veux pas les cicatrices ? Mauvais plan. Ce monde, c'est pas une cour d'école bienveillante avec des assistants sociaux derrière chaque coin de serveur. C'est la jungle. C'est la nuit. Et les règles, c'est nous qui les posons, pas les CGU.

Y'en a plein, des types qui se disent "trolls", qui font les malins en public, les terreurs du clavier, les rois du shitpost… jusqu'au jour où ça pique un peu trop fort. Et là, panique à bord. Ils commencent à chialer. Ils veulent "parler calmement". Ils taguent les modos. Ils screenent tout, direction le commissariat. Ce genre de larve-là, tu les vois revenir quelques semaines plus tard, profil neuf, ton mielleux, comme si de rien n'était. Mais la salle se souvient. Toujours.

La vengeance, c'est pas un PDF avec "Plainte contre X" dans l'en-tête. C'est pas une plainte en ligne sur Cybermalveillance. Non. C'est un retour précis, silencieux, organisé. C'est une infiltration. Une stratégie. C'est un long tunnel sans lumière au bout duquel l'autre se cogne à son propre reflet. C'est pas un procès. C'est un effondrement discret.

Tu veux vraiment niquer quelqu'un ? T'apprends à le faire à l'ancienne. Par la ruse. Par la langue. Par l'intelligence sociale. Tu détruis pas un mec en lui foutant la police sur le dos. Tu le détruis en le laissant se détruire tout seul, en le poussant à parler trop, à se justifier, à s'enfoncer dans ses contradictions. Tu le tues à petit feu, sans faire de bruit. Et tu souris pendant qu'il tourne en rond.

T'as signé pour le chaos ? Alors reste dans le chaos. Tu veux la loi ? Va faire du yoga. Mais si tu restes ici, tu règles ça en troll. Comme un soldat des égouts numériques. Tu t'accroches. Tu pleures pas. Tu notes. Tu ripostes.

Et si tu te fais fumer, t'assumes.
Parce que t'avais qu'à être meilleur.

2. Tu fermes ta gueule si tu tombes.

T'as été cramé ? Grillé ? Défoncé à la batte en pleine lumière ? Bravo, bienvenue au club. Tu viens de goûter au revers du game. Ça fait mal, ouais. Ton pseudo tourne dans les threads, tes DM sont leakés, ta "stratégie" est démontée par des randoms que t'as jamais vus, mais qui ont déjà imprimé ton style. T'es devenu un screen, une anecdote, un hashtag moisi sur une room de hyènes. T'as voulu faire le malin, t'as raté ton virage ? Maintenant tu dégustes.

Mais si tu veux garder un gramme de dignité, tu fais ce qu'il faut : tu fermes ta gueule.

Tu te replies. Tu nettoies. Tu supprimes. Tu crames le matos. Tu fais ton deuil numérique et tu dégages. T'envoies pas un "désolé si j'ai blessé" sur Discord. Tu vas pas faire ton pathétique "explication thread" sur Twitter. Tu vas pas pleurnicher en DM aux modos en disant que t'as "changé". T'as pas changé. T'as foiré. C'est pas grave. Ça arrive. Mais t'as pas à en faire un opéra.

Et surtout, surtout, tu balances personne. Tu te fais allumer ? Tu tombes seul. Tu prends la gifle, tu dis merci, et tu files. Si t'étais pas prêt, fallait pas venir. T'étais pas bon ? Reviens plus tard. Mais pas avec une checklist d'excuses à deux balles, pas avec "c'est pas moi, c'est lui". Parce qu'un troll qui parle, c'est plus un troll. C'est une pute.

Tu crois quoi, que les vrais respectent les mecs qui se mettent à chialer quand ils tombent ? Que tu vas regagner du crédit avec un pavé ? Non. Tu t'enfonces. Tu confirmes que t'étais qu'un imposteur, un petit stratège d'apéro qui s'est cru dans *Mr. Robot* parce qu'il savait lancer un VPN.

Le silence, c'est la seule sortie digne. Le seul luxe qu'il te reste. T'as été exposé ? OK. Sois un homme, ou une femme, ou un putain de pseudo mais tiens-toi droit. Tu te tais, tu t'écrases, tu disparais. Comme une ombre qui a mal calculé son mouvement. Pas besoin de soliloque. Pas besoin de drama. Pas besoin de justification.

Parce qu'au fond, c'est simple : si tu tombes, tu deviens un avertissement. Une leçon pour les autres. Et plus tu fais de bruit en tombant, plus tu rends ta chute ridicule.

Alors chute proprement. Et ferme-la.

3. Tu te couvres toujours.

Un vrai troll, c'est un parano chic. Pas le genre de parano qui se roule en boule derrière ses rideaux en aluminium, mais celui qui a compris que le monde moderne, c'est une immense chasse aux traces. Et que chaque pas laissé dans la boue numérique, c'est une balle potentielle dans la nuque.

Tu loggues rien. Tu cloisonnes tout. Tu ne bosses jamais sur ton tel principal. Jamais. Ce truc est une narine à métadonnées, un aspirateur à vie privée, un cadeau pour les Feds. Tu veux jouer ? Tu joues sur une machine dédiée. Pas celle avec tes photos de vacances, ni celle avec ton compte Spotify. Une machine froide, anonyme, nettoyée comme un lieu de crime.

Tu parles pas avec ta voix. Tu ne chantes pas. Tu ne souffles même pas dans un micro. Tu laisses pas trainer ton empreinte vocale comme un con, parce que ça, c'est une signature biométrique. C'est pire que l'ADN. Et tous les petits bidouilleurs qui croient qu'un filtre "Dark Vador" ou un plugin Voice.ai, ça protège, vous êtes déjà morts. La technologie inverse les effets. Ce que t'as trafiqué, un autre peut le détrafiquer. Et t'es là, à pleurnicher parce qu'un mec a reconnu ta voix sur un vocal de trois secondes enregistré à l'arrache.

Tu balances pas ton humour IRL. Pas tes expressions perso. Pas tes vannes privées. Tu crois que t'es stylé en sortant "comme dirait mon pote Kevin" ? Félicitations, tu viens de donner un prénom, un réseau, et un cercle social. Chaque gimmick te trahit. Chaque punchline trop spécifique t'identifie. Tu veux rester libre ? Alors tu oublies que t'as une vie, un passif, une petite sœur ou des potes qui parlent trop.

Tu trolles masqué, chiffré, et planqué derrière trois couches d'identité. VPN en cascade, réseau cloisonné, comptes jetables, identifiants créés dans un cybercafé moldave à 3h du matin. Tu changes ta manière d'écrire. Tu fais gaffe à ton rythme, à ta ponctuation, à tes fautes. T'as pas le droit à un tic de langage. C'est ça qui te trahit. Pas l'IP. L'IP, tu peux la camoufler. Ton style, c'est ta bite numérique : unique et reconnaissable entre mille.

Tu veux jouer dans la cour des grands ? Alors tu penses comme un criminel de guerre. Pas comme un ado sous Lexomil qui s'invente une vie sur Telegram. Tu vis dans l'ombre. Tu respires par des trous d'aiguille. Tu navigues sans trace. Tu réfléchis à chaque clic, chaque mot, chaque ping.

T'oublies que t'as un prénom, un visage, une adresse.

T'es une entité. Rien d'autre.

Et tant que tu respectes ça, t'es intouchable.

4. Tu tapes vers le haut. Toujours.

T'as pas le droit de frapper plus faible que toi. Jamais. C'est pas une question de morale, on s'en bat les couilles de la morale ici. C'est une question de code. D'élégance. De jeu propre. Tu veux être un troll ? T'as des règles. Et celle-là, elle est gravée au burin dans les chiottes du dark web : tu tapes vers le haut ou tu dégages.

Tu veux du respect ? Tu veux qu'on se rappelle de ton blaze dans dix piges ? Alors t'attaques les puissants. Les mecs blindés de followers qui sont des ordures. Les coachs de développement personnel avec leur sourire de carnassier sous Xanax. Les experts auto-désignés qui parlent comme des DRH sous stéroïdes. Les roitelets de groupes Telegram qui se prennent pour des prophètes. Les meufs toxiques qui manipulent les fragiles en leur envoyant trois photos à moitié floues et deux "tu vas bien ?" par semaine pour les transformer en chiens. Ceux-là, ils méritent. Ils dominent, ils profitent, ils exploitent ? Alors tu les fais tomber.

Mais si tu vas faire le mariole à harceler un ado qui cherche sa place, à démonter une meuf parce qu'elle a posté un selfie de travers, à t'acharner sur un gars un peu à côté de la plaque juste parce qu'il a pas les codes... t'es pas un troll. T'es un cafard. Un parasite numérique. Une sangsue qui bave sa frustration en la déguisant en ironie. Et crois-moi bien : les vrais trolls, ceux qui savent jouer, ceux qui ont le scalpel et pas juste un gourdin, ils te méprisent. T'es pas des leurs. T'es pas dans le game. T'es un gêneur. Une erreur de casting.

Le troll, le vrai, il corrige les déséquilibres. Il expose les abuseurs. Il désosse les systèmes malades. Il prend des risques. Il vise haut, pas parce qu'il est un justicier en slip, mais parce qu'il sait que le spectacle vaut que si la cible a de l'écho. Tirer sur un canard boiteux, c'est pas un exploit. C'est de la merde en barre. Et pire encore : c'est de la lâcheté.

Alors retiens bien : tu veux exister dans ce monde de fantômes et de manipulations ? Tu veux qu'on te lise, qu'on te craigne, qu'on t'écoute ? Tape là où ça compte. Tape sur les chefs. Sur les gourous. Sur les gens qui abusent. Et si tu trouves personne à cogner vers le haut... ferme ta gueule. Tu seras peut-être pas un héros. Mais au moins, t'auras pas le goût amer d'être une ordure.

5. Tu ne laisses jamais de trace d'égo.

Tu veux jouer au troll ? Alors tu laisses ton putain d'égo à la porte. Tu n'es pas là pour briller. T'es pas là pour qu'on te suive, t'applaudisse, ou te suce dans les commentaires. T'es pas une vedette. T'es pas un influenceur. T'es une ombre. Une aiguille dans la gorge. Un insecte qui pique et disparaît avant qu'on ait le temps de gratter.

Le troll, le vrai, il nettoie. Il corrige. Il fait le sale taf, puis il s'évanouit. Il laisse les autres se débattre dans les restes. Il regarde les flammes depuis l'autre côté de l'écran, un sourire en coin, pendant que les pantins se demandent encore qui a foutu le feu. Il ne se revendique de rien. Il ne réclame aucune médaille. Il n'écrit pas "c'était moi" dans un post nostalgique sur Reddit ou Twitter. Il s'en bat les couilles de la postérité. Le seul monument qu'il laisse, c'est le bordel qu'il a provoqué.

Un troll avec de l'égo, c'est un animal malade. Il veut qu'on le voie. Il veut qu'on sache. Il veut être aimé pour sa cruauté, admiré pour ses vannes. Il se masturbe sur ses stats. Il crève d'envie que son pseudo devienne culte. Résultat : il se répète. Il s'expose. Il devient lisible, traçable, prévisible. Et là, il est mort. Fini. Cloué au mur avec tous les autres losers qui voulaient être connus pour leur "trolling de qualité".

Un sniper qui fait des selfies, tu vois le niveau ? C'est pas juste con, c'est suicidaire. Un troll qui veut être célèbre, c'est un troll qui va se faire lever dans trois messages. Parce qu'un ego, ça bave. Ça parle trop. Ça veut toujours une dernière vanne, un dernier mot, une signature stylée. Mais un vrai troll, lui, il ferme sa gueule. Il balance, il casse, il s'en va. Pas d'emoji. Pas de punchline. Juste le vide après son passage.

Alors souviens-toi : tu veux durer ? Tu veux être efficace ? Tu veux garder le pouvoir ? Sois un fantôme. Sois un trou dans le décor. Sois une faille dans la structure. Ne revendique jamais. Ne laisse aucune trace. Ne cherche pas à être aimé. Sois détesté, sois oublié, sois redouté. Mais surtout : sois personne. Parce que c'est toujours le mec qui veut être une légende qui finit à poil, exposé, ridicule, avec les flics ou la meute aux trousses.

Le troll est une arme, pas un drapeau. Tu tires, tu dégages. Et t'effaces tes empreintes sur le bitume numérique.

CHAPITRE 11

LES TROLLS SOUS CONTRAT : QUAND LA GUERRE SE FAIT À COUPS DE POSTS

« Donnez-moi le contrôle des médias, et je n'aurai pas besoin de contrôler les armées. »

1. Guerre à bas coût : les armées de l'ombre

Tu crois que la guerre c'est des barbelés, des treillis, des drapeaux qui flottent sous des bombes ? T'es resté bloqué sur Arte, mon pauvre. La vraie guerre, aujourd'hui, elle se fait à la clope froide, sur un bureau crado, avec des doigts qui tapent frénétiquement sur des claviers qui ont jamais connu une touche propre. Des bureaux en Russie, en Chine, en Iran, au Qatar, aux États-Unis, et même chez nous, planqués dans des ministères ou des agences privées. Ce sont les armées de l'ombre. Des légions de trolls professionnels, payés à la punchline. Des ouvriers de la haine, du doute et du faux-semblant. À trois balles la vérité alternative.

Le Kremlin ? Ils ont l'**Internet Research Agency**. Une usine à trolls bien réelle, à Saint-Pétersbourg, financée par un oligarque proche de Poutine. Leur taf ? Influer les élections US en 2016, souffler sur les braises du racisme, créer des groupes Facebook "Black Lives Matter" et "White Patriots" en parallèle pour les faire s'étriper entre eux. Et tu veux le plus moche ? Ça a marché. Parce qu'un troll bien placé vaut plus qu'un char d'assaut quand ton terrain de jeu, c'est l'opinion publique.

La Chine ? Eux, c'est **le Fifty-Cent Army**, surnommé comme ça parce qu'ils étaient payés l'équivalent de cinquante centimes pour chaque post patriotique pro-gouvernemental balancé sur les forums et réseaux. Leur mission ? Nettoyer les critiques sur Weibo, détourner les conversations, spammer du "vive Xi Jinping" sur chaque post qui ose respirer l'ironie. C'est pas de la modération. C'est de la lobotomie à ciel ouvert.

Les Iraniens ? Pareil. Des faux comptes sur Twitter, en français, en anglais, qui relaient de la "résistance palestinienne" ou des infox anti-israéliennes avec une belle régularité. Mais toujours calibrés, jamais grossiers. Tu t'imagines que c'est un étudiant woke de Montreuil ? C'est un fonctionnaire de Téhéran, avec une fiche à remplir et un drapeau Photoshopé en photo de profil.

Les Américains ? Ne joue pas les vierges effarouchées. Eux aussi ont leurs usines. Moins visibles, mieux marketées. Ça s'appelle "**psyops**", opérations psychologiques. L'armée a ses divisions numériques. Tu crois que toutes les vidéos TikTok anti-poutine qui sortent d'Ukraine sont spontanées ? Tu crois que les dizaines de comptes qui te répètent la même vanne anti-Trump sont tous sincères ? Laisse-moi rire. T'as des think tanks entiers, des officines grassement payées, qui passent leur temps à briefer des influenceurs, à organiser des hashtags, à préparer des guerres culturelles en story Instagram. C'est de la com' militaire sous LSD.

Même en France, on a notre sale petite cuisine. T'as des cabinets de "stratégie numérique" utilisés par les partis politiques pour flinguer un opposant sur les réseaux, balancer du doute, créer de faux comptes d'"électeurs déçus", harceler les journalistes, alimenter des bulles de merde autour de figures à dézinguer. Souviens-toi de la présidentielle 2022. Les "trending topics" anti-Zemmour, pro-Mélenchon ou anti-Macron, qui montaient comme des champignons à 21h tapantes, c'était pas des miracles algorithmiques. C'était des campagnes pilotées.

Le pire, c'est que c'est rentable. Pour quelques milliers d'euros, t'as une vague de mèmes, de fakes, de threads "analytiques" postés par des faux experts en économie ou des comptes féminins bourrés d'IA générative qui enchaînent les posts militants. Les gens commentent, relayent, s'indignent. Et la vérité ? Elle se noie dans l'avalanche de contenus. Elle meurt d'overdose. Tu veux un exemple ? Regarde l'histoire du "deep fake" de Zelensky qui appelait à la reddition : vidéo balancée, relayée, démontée… mais trop tard. Le mal était fait. Le doute avait été injecté. Objectif atteint.

T'as pas besoin de missiles pour faire flamber un pays. Tu balances trois rumeurs, deux images floues, un hashtag bien viral, et t'as mis un État entier en PLS. Un vieux proverbe de troll dit : "Pourquoi mettre une balle dans la tête quand tu peux juste te faufiler dans l'oreille ?" Le chaos, aujourd'hui, il se déclenche avec un tweet. Et les cadavres, c'est les cerveaux.

Alors quand tu vois ton pote partager un screen WhatsApp "d'un contact dans l'armée" ou "d'un médecin de l'ombre", souviens-toi : la guerre n'est pas là où tu crois. Elle n'a plus de drapeau. Elle n'a plus de front. Elle s'infiltre dans les DM, dans les commentaires, dans les réels. Et tu sais ce qu'il y a de plus beau ? C'est que personne ne peut l'arrêter.

Parce qu'on ne bombarde pas un mème.

2. Groupes politiques et idéologiques : quand le militantisme devient trolling stratégique

T'as encore cette image du militant propret, en k-way recyclé, avec son tote bag "la planète n'attend pas" et ses punchlines en carton à base de "on lâche rien" ? T'es à côté de la plaque. La vraie guerre politique ne se joue plus dans les manifs sous la pluie, ni dans les débats soporifiques sur France Inter. Elle se joue dans les DM, les threads, les groupes Telegram, les serveurs Discord où tout le monde est un pseudo, une arme, une rage.

Aujourd'hui, les partis, les mouvances, les groupuscules de LFI aux derniers adorateurs de Trotsky, des écolos hardcore aux identitaires sous pseudo, en passant par les féminazgul et les tradis sous anxiolytiques ont tous pigé la même chose : un bon troll, c'est une bombe à retardement. Un troll, ça ne coûte rien, ça ne dort pas, ça ne se déclare pas. Et surtout, ça obéit sans faire de réunion.

Prenons LFI. Les rois du clash numérique. Les princes du drama sous bannière progressiste. Ils ont fait du trolling un art institutionnel. Des hashtags qui pètent comme des slogans, des tweets calibrés pour la haine virale, des réseaux de répliques automatisées. Le militant type ? Un mix entre Robin des Bois woke et community manager sous coke. Il scanne Twitter comme un flic en planque, saute sur le moindre mot qui dévie, et te lapide virtuellement au nom du peuple. Au nom de la justice. Au nom du Grand Méchant Capital. Le tout depuis un 32m² chauffé par la colère. Ils ne débattent pas : ils accusent, ils exécutent, ils t'annulent. Le rêve de Jaurès ? C'est devenu une salle de contrôle alimentée au shitpost et à la punchline pourrie.

Et c'est pas mieux chez les autres. Les petits soldats d'En Marche, c'est le culte du chef à base de PowerPoint et de emojis biceps. T'as un soupçon de critique ? Ils débarquent à vingt, avec la même photo de profil et des commentaires en copier-coller : "Sources ?", "Désinformation !", "Réformes nécessaires". C'est à se demander s'ils ont pas un Google Drive commun pour ça. Peut-être même un Slack. Tu rigoles ? Moi pas.

Et pendant que ça se cogne sur X à coup de threads de 20 tweets, pendant que ça s'insulte en boucle, pendant que ça transforme le débat en rixe de PMU sous lexomil, les vrais trolls sont là. Planqués. Tranquilles. Ils jettent un os au milieu et ils regardent les chiens se bouffer entre eux.

Eux n'ont pas de camp. Pas d'idéologie. Pas de loyauté. Ils n'en ont rien à foutre de ton combat. Ce qu'ils veulent, c'est voir ton armée se bouffer la gueule toute seule. Ce qu'ils veulent, c'est que tu dises une connerie de trop, que tu balances un DM compromettant, que tu t'enflammes en public. Et quand c'est fait ? Ils screenent. Ils stockent. Ils te ressortent ça au pire moment.

Et le plus jouissif dans l'histoire ? C'est que la plupart de ces militants numériques n'ont même pas conscience qu'ils trollent eux-mêmes. Ils croient qu'ils agissent pour une cause. Ils se pensent nobles, utiles, éveillés. Alors qu'ils font juste tourner une machine de guerre qu'ils ne contrôlent plus.

La politique, aujourd'hui, c'est pas une question d'idées. C'est une question de narration. Et les narrateurs, ce sont les trolls.

3. L'arène X (ex-Twitter) : zone de guerre ouverte

Bienvenue sur X, ex-Twitter, le terrain vague numérique où tout le monde hurle plus fort que son voisin. Depuis que Musk a foutu la modération à la benne et ouvert les vannes comme un gosse qui découvre le bouton rouge, le site est devenu l'arène ultime. Fini le semblant de règles. Ici, t'as le clash comme moteur, la haine comme algorithme, et l'anonymat comme passe-droit.

Tu veux de la visibilité ? Tu tweets une dinguerie bien crade à 8h du mat, t'agites un sujet polarisant, transidentité, immigration, vaccin, Israël, peu importe et tu regardes la foudre s'abattre. En vingt minutes t'as une armée de pseudo-experts, de militants fanatisés et de trolls sous stéroïdes qui viennent s'empaler les uns sur les autres. T'as plus besoin d'un média, d'un parti, d'un think tank : t'as un smartphone et un doigt.

Et au milieu de cette fosse à purin, les trolls professionnels se frottent les mains. Les russes, les chinois, les trolls de l'ombre subventionnés ou les freelancers du chaos, tous viennent y planter leur merde comme on balance une grenade dans un bar plein. Ils savent que l'effet sera immédiat : amplification automatique, indignation programmée, hashtags qui montent tout seuls comme des testicules en plein hiver. T'as une info douteuse, mal sourcée, reprise par trois comptes avec des pseudos genre @TruthHunter_19 ou @LibertyNow1984, et bim : t'as un narratif alternatif qui contamine les cerveaux à 200 km/h.

Et c'est pas fini. Parce qu'en face, t'as rien. Zéro rempart. La modération ? Une blague. L'algorithme ? Une énigme. Le bouton "signaler" ? Une touche placebo pour se donner bonne conscience. Tu peux harceler, mentir, manipuler, menacer, tant que t'es pas un abruti fini, tu voles sous le radar. Et si t'es malin, tu fais tout ça avec des emojis et des questions rhétoriques. "Juste une question" est devenu le cheval de Troie préféré des enfoirés.

Sur X, les règles sont simples : plus tu clives, plus tu montes. Plus tu divises, plus tu gagnes. T'as des communautés entières qui vivent dans des bulles d'écho à -500 de QI, qui te défendront un mec accusé de meurtre juste parce qu'il est "contre le système". Tout est inversé. Le bon sens est mort. La cohérence est un luxe. Et pendant que les gens normaux fuient ou ferment leur gueule, les trolls s'organisent, testent, affinent.

C'est pas une plateforme, c'est un terrain d'expérimentation pour le chaos. Et le pire, c'est que Musk a raison sur un point : c'est plus honnête comme ça. Au moins, on sait où on met les pieds. Un bain d'acide où t'es obligé de savoir nager, sinon tu perds ta peau.

Alors ouais, X, c'est la guerre. Mais une guerre où un mème peut valoir plus qu'un missile. Où un tweet peut ruiner une carrière, une campagne, une vérité. Et dans ce bordel algorithmique, le troll n'est pas un parasite : il est roi.

4. Faux opposants, fausses victimes, fausses vérités : quand tout est faux mais tout fait mal

Le troll ne cherche pas la vérité. Il s'en tamponne, la vérité. Ce qu'il veut, c'est l'illusion qui pique, le fake qui claque, la fiction qui fout les gens en vrac. La réalité ? Elle est chiante, elle est lente, elle demande des preuves. Le mensonge, lui, fait 200 km/h, et il a un filtre rose bonbon. Suffit d'un compte féminin fictif avec une photo piquée sur Pinterest, un pseudo qui sent le wokisme de série Z, et une petite phrase bien pleurnicharde genre : "J'ai été harcelée juste parce que j'ai dit que j'étais fatiguée d'expliquer le féminisme aux hommes blancs cis." T'as déclenché une guerre. En quatre lignes.

Faux opposants, faux alliés, faux débats. Des profils de fachos grimés en féministes, des féministes en carton qui viennent parasiter les vraies, des militants "antiracistes" qui trollent pour foutre la merde dans les assos… C'est plus de la politique, c'est du théâtre. Et tout le monde a un rôle. Même les victimes sont scriptées. T'as des pleurnicheurs de compétition qui enchaînent les threads de 40 tweets, avec des gifs de chiots et des emojis tristes, juste pour monter une meute contre un type qui a dit "non" dans une discussion. On appelle ça la victimisation performative. Une manière de contrôler la narration en apparaissant comme la cible, même quand t'es l'agresseur.

Ajoute à ça les deepfakes émotionnels : des voix synthétiques qui imitent un type connu en train de dire une horreur, des images trafiquées qui montrent une manif qui n'a jamais eu lieu, des vidéos remixées pour créer une réalité parallèle. Et t'as une machine à démolir la confiance collective. Tu ne sais plus ce qui est vrai, tu ne sais plus qui croire, tu commences à douter de tout. C'est ça le but. Pas convaincre. Déstabiliser. Épuiser.

On est passé de l'ère de la propagande à l'ère du chaos. Avant, on te mentait pour t'emmener quelque part. Maintenant, on te ment pour que tu restes paumé. On t'envoie un clown d'extrême droite, déguisé en féministe radicale, attaquer un écologiste sincère, pendant qu'un faux profil black t'explique que t'es raciste parce que t'as dit "bonjour". Et toi, t'es là, à te gratter la tête, à pas savoir où donner de la haine.

Et pendant ce temps-là, les likes pleuvent. Le mensonge a jamais été aussi populaire. Parce qu'il est divertissant. Parce qu'il est rapide. Parce qu'il est facile à gober. Une bonne vanne mensongère vaut mille explications honnêtes. Une fausse victime bien mise en scène vaut mille victimes silencieuses.

C'est ça, le monde numérique aujourd'hui : une salle des miroirs où chacun pense voir la vérité, alors qu'il se prend des reflets manipulés dans la gueule. Et au centre, le troll. Pas pour créer une idéologie. Juste pour retourner la table. Parce que tant que tout le monde se bouffe entre eux, personne ne pense à qui tient les manettes.

5. Trolls en freelance : le chaos comme service

Tous les trolls ne portent pas l'uniforme d'un État. Y'en a qui bossent pour personne. Ou plutôt, pour celui qui paye. Le chaos, aujourd'hui, c'est un putain de service. Y'a des boîtes, bien réelles, bien enregistrées, avec une secrétaire qui répond au téléphone et des PowerPoint de présentation, qui te vendent de la destruction ciblée comme d'autres vendent du SEO. Tu veux salir un concurrent ? Flinguer un opposant ? Décrédibiliser une ex ? Pas de souci. T'as qu'à allonger la monnaie, et y'aura toujours une meute prête à foutre le feu.

Ça s'appelle "gestion de crise d'e-réputation". C'est le terme corporate, le déo pour recouvrir la puanteur. En vrai, c'est du trolling sous stéroïdes. Des fakes, des screens trafiqués, des vidéos montées à l'arrache, des articles anonymes publiés sur des sites moisis à l'autre bout du globe, repris par des bots, relayés par des comptes zombies. Et en 48 heures, t'as planté un clou rouillé dans la crédibilité de quelqu'un.

Politiciens, chefs d'entreprise, influenceurs, artistes, toubibs, profs, présidents d'assos, étudiants à lunettes, tout le monde peut y passer. T'as dit un mot de travers il y a dix ans ? T'as regardé une meuf de biais à une soirée ? T'as tenu un compte privé qui rigolait un peu trop fort ? T'es une cible. Et y'a quelqu'un, quelque part, prêt à transformer ça en missile. Parce qu'on est plus dans une guerre d'idées. On est dans une guerre d'images, de perceptions. Tu veux te défendre ? Trop tard. Le thread est viral, les captures sont retweetées, ton nom est associé à un mot-clé immonde, et t'es à poil au milieu du carnaval.

Et le pire ? C'est que les plus doués ne sont même pas dans ces agences. Ils sont dans leur chambre, en peignoir, avec trois comptes alternatifs et une haine bien rangée dans un dossier. Ils le font pour le sport. Pour la jouissance de foutre un bordel que personne ne pourra réparer. Des pyromanes du web. Des gamins brillants et tordus, qui n'ont jamais trouvé leur place ailleurs, alors ils la prennent ici, dans l'ombre, en foutant le feu sous les tables des puissants.

T'as cru que t'étais trop petit pour être une cible ? Mauvaise nouvelle. Tu vis à l'ère du troll-à-la-demande. T'as froissé un ego mal rangé, ou un connard a mis ton nom dans une enveloppe ? Tu peux te retrouver avec ton prénom en TT, un DM plein de menaces, et ta boîte mail en PLS. La meute ne demande pas pourquoi. Elle demande combien. Et tant que t'as pas compris ça, t'es pas dans le game. T'es la marchandise.

Alors oui, tout le monde peut payer. Et oui, tout le monde peut tomber. Le chaos est devenu une prestation. C'est pas un hasard. C'est un business. T'as pas le choix. Si tu veux survivre, t'as intérêt à savoir nager dans l'égout. Parce qu'en face, les mecs nagent le crawl en chaussettes dans la merde. Et ils te boufferont tout cru si tu débarques en maillot de bain avec ta dignité et ton CV LinkedIn.

CHAPITRE 12

LE MARCHÉ AUX ENFERS : DROGUE, ARMES ET EXÉCUTIONS PAR EMOJIS

"Un leak bien placé vaut mille descentes mal préparées."

Doctrine officieuse des guerres numériques

On croyait le Dark Web enterré, remplacé par trois forums vides et un vieux .onion moisi. Foutaises. Le crime numérique, le vrai, le crade, s'est juste déplacé. Il a mis une casquette plus propre, un logo rassurant, et il s'est installé sur ton appli de messagerie préférée. Ouais, Telegram. L'appli de ta daronne complotiste, de ton coach crypto qui pue la testostérone, de ton dealer de CBD trop stylé pour WhatsApp.

C'est là, dans ces salons à demi-publics, semi-privés, aux noms flous comme "French Connect", "Deliver Green" ou "Taverne des Ombres", que ça se passe. Vente de drogue, livraison express de coke, shit, taz, LSD, MD, speed, le tout avec la même simplicité qu'une commande Uber Eats. Un petit emoji 💣 ou 🔫 et ton facteur du vice débarque au pied de ton immeuble.

Mais ça, c'est que la surface. En grattant un peu, tu tombes sur les catalogues bien plus sales. Armes. Faux papiers. Faux billets. Fuites de bases de données. Et plus bas encore, le putain de fond du tonneau : les tueurs à gages. Des mecs sans visage, sans âme, qui te proposent de faire disparaître ton ex, ton patron ou le mec qui t'a doublé sur un deal. Paiement en crypto, échange chiffré, livret tarifaire comme chez un traiteur. L'humain est devenu un contrat. Un clic. Un virement. Un corps dans un coffre.

Et tu sais quoi ? Dans ce bordel, les trolls sont jamais loin. Pas forcément ceux qui dealent ou tuent. Mais ceux qui infiltrent, qui regardent, qui documentent, qui balancent. Le troll, le vrai, il rôde dans ces groupes comme un corbeau dans un charnier. Il se nourrit du dégoût, il note les pseudos, il archive les captures, il joue au con pendant des semaines, et puis un jour, il appuie là où ça fait mal. Il fout en l'air un réseau juste parce que ça l'amuse. Ou pour le spectacle. Ou pour se venger.

C'est ça, le monde moderne. T'as une vitrine qui brille, avec des influenceuses en culotte gainante et des managers bienveillants. Et derrière, dans les caves numériques, t'as des mecs qui s'étripent pour 300 balles en Monero, qui livrent du fentanyl comme on livre des sushis, qui te traquent pour une insulte dans un thread.

Les plateformes le savent. Telegram ferme les yeux. X (Twitter) regarde ailleurs. Discord fait semblant de modérer.

Et le reste ? Le reste flotte entre deux eaux, à mi-chemin entre la start-up nation et le cartel 3.0. Pendant que les États rampent à coups de réquisitions qui prennent six mois, les trafics s'organisent, se professionnalisent, se dématérialisent. Tueur à gage et CM d'un projet NFT ? Même combat. Même canal.

Tu veux comprendre ce monde ? Faut pas lire *Les Échos*. Faut plonger la tête dans la merde. Et si t'as de la chance, tu trouveras un troll qui te montre le chemin. Pas pour t'éduquer. Juste pour te regarder te noyer.

« Nettoyage par le feu : quand les toxicos du crime squattent nos terrains »

Y'a des règles, même dans la fange. Y'a des terrains qui étaient à nous. Les trolls. Ceux qui savaient se taire, disparaître, frapper en finesse. C'était notre jungle. On foutait le bordel, ouais, mais sans faire de bruit. On bossait en silence, à coups de mots, d'infiltration, de paranoïa millimétrée. On savait où on foutait les pieds.

Et puis ils sont arrivés.

Les bourrins. Les bourrés. Les bouffeurs de xanax en dropshipping. Les vendeurs de weed à emoji. Les rageux du darknet qui vendent un "contrat" sur ton ex comme si c'était une boîte de nuggets. Les apprentis mafieux, planqués derrière des pseudos en mode "DarkLord69", avec leur pub mal foutue, leur logo de AK-47 et leur grammaire de CM2. Les tueurs à gage 2.0, recrutés sur Telegram comme s'ils embauchaient pour un Uber Eats de l'assassinat.

Ils nous ont pourri la zone.

Parce qu'eux, c'est pas la discrétion. C'est la décadence en story. Ça snappe leurs liasses. Ça vend de la dope dans des groupes à mille membres. Ça balance leurs plans comme des influenceurs de la criminalité. Et qu'est-ce que ça fait ? Ça attire les keufs. Ça ramène les réquisitions. Ça pue la perquisition à plein nez.

Les trolls regardent ça et serrent les dents. Parce que ces connards-là, c'est des aimants à flics. Ils viennent foutre leurs gros sabots dans nos couloirs secrets. Ils se filment, ils s'exhibent, ils font du putain de bruit. Alors nous, on se met en mode sniper. On observe. On note. On archive. Parce qu'à ce rythme-là, va falloir faire du ménage.

C'est pas une guerre de territoire. C'est une question de survie. Eux, ils veulent l'argent, la frime, le pouvoir de bas étage. Nous, on veut la précision. Le chaos bien géré. Eux, ils posent des bombes dans des verres en plastique. Nous, on plante des lames dans les silences. C'est pas la même école. Pas les mêmes méthodes. Et pas les mêmes conséquences.

Alors ouais, on les regarde faire leurs stories de merde. On regarde leurs tentatives de deals, leurs faux tueurs à gages et leurs groupes "secrets" visibles en deux clics. On regarde, on note, on trace. Parce qu'un jour ou l'autre, faudra qu'ils dégagent. Ce terrain, c'était à nous. Ils le savent pas encore, mais y'aura pas de cohabitation.

Les trolls sont patients. Mais ils sont pas partageurs. Et les nuisibles, on les nettoie.

1. Telegram, le nouveau supermarché du crime

Telegram, au départ, c'était notre planque. Le bunker numérique, le refuge ultime pour ceux qui voulaient foutre la merde proprement. Un outil de communication souterrain, entre trolls, activistes, hackers et autres esprits tordus. Y'avait un code. Y'avait une pudeur. Y'avait de l'élégance, presque. Et puis les marchands sont arrivés. Les vendeurs de défonce, les trafiquants d'armes, les faussaires low-cost avec leurs bots de merde et leurs stickers de weed en arc-en-ciel.

Aujourd'hui, t'as des groupes Telegram avec 40 000 membres qui se refilent du shit, de la coke, des pilules, des bécanes volées, des papiers d'identité imprimés sur du papier Ikea et envoyés par Colissimo. Ça s'appelle *Darknetweed*, *CC High Quality* ou *FakeID EU*. Deux clics, un mot-clé, et t'as un menu plus chargé qu'un kebab à 3h du mat.

Les mecs te font du SAV, des livraisons express, du cashback sur Bitcoin. Et surtout : ils parlent. Beaucoup trop. Comme si vendre de la came à découvert sur une appli pas si chiffrée, c'était une putain d'idée de génie.

En juin 2023, Europol a publié un rapport clair : Telegram est devenu le carrefour de tous les trafics. C'est plus une app, c'est un supermarché du crime. Et forcément, ça attire les flics, les juges, les OPJ, les RG, les barbouzes, tout le gratin. Les réquisitions pleuvent, les serveurs chauffent, les caméras se braquent. Parce que maintenant, sur Telegram, t'as des mecs qui vendent des armes de poing comme des AirPods. Tu peux te faire livrer une Glock à Montpellier avec une réduction si tu commandes deux chargeurs.

Et pendant ce temps, nous, les trolls, on regarde ça avec la haine qui monte. Parce que cette merde nous bouffe notre terrain. On bossait dans l'ombre, on manipulait, on foutait le feu aux esprits, pas aux entrepôts. On était les architectes invisibles du chaos. Eux, ce sont des caïds de cité numérisés, qui pensent que coder un bot Telegram c'est être un hacker. Ils croient que vendre des plaquettes en emoji banane leur donne un statut. Mais tout ce qu'ils font, c'est foutre les projecteurs là où y'avait le noir total. Ils ont mis des néons sur nos catacombes.

Le pire, c'est que les gens pensent que c'est ça, la face sombre d'Internet. Non. Ça, c'est du putain de e-commerce. Avec des arnaques, des scams, des faux profils, des livraisons jamais faites. Le vrai souterrain, c'est pas ça. C'est nous. C'est les conversations qui laissent pas de trace, les rooms privées avec dix mecs, les stratégies tordues qui prennent des mois à maturer. Pas un bot avec des prix affichés comme au marché de Saint-Denis.

Telegram est devenu un foutoir. Un vide-ordures criminel où les narcos de banlieue croisent les hackers moldaves et les flics infiltrés qui se touchent en scred. Et ça nous emmerde. Pas parce qu'on est jaloux. Mais parce qu'ils vont nous faire sauter l'immeuble pour livrer leurs merdes en scooter.

C'est plus du trolling, c'est du deal en bande organisée. Et si vous nous foutez les flics sur le dos, vous allez comprendre ce que ça veut dire, un vrai troll vénère. Vous vendez vos kilos. Nous, on vend rien. On observe. On cartographie. On attend. Et quand la purge commence, devinez qui sera là pour faire fuiter vos adresses et vos petits messages ? Spoiler : c'est pas les stups.

Vous nous avez piqué notre terrain. Vous allez le regretter.

2. Les tueurs à gages à 200 balles, et les keufs derrière

Bienvenue dans l'époque où tu peux commander un meurtre comme un UberEats. Enfin, sur le papier. Parce que dans les faits, les "hitmen" à 200 balles la mission, que tu trouves sur Telegram ou Dread, c'est souvent du flan. Des scams pour gogos désespérés ou, mieux encore, des appâts tendus par les services de renseignement. C'est VICE, Bellingcat, même Europol qui l'ont documenté : les commandes de mort en ligne, c'est à 90 % de la pure douille, et à 10 % du sale dossier judiciaire en devenir.

Mais y'a toujours un abruti, un mec à moitié ravagé, qui va cliquer sur le mauvais lien. Qui va taper "besoin de tueur discret urgent" à 2h17 du mat, la bave aux lèvres et la haine dans le bide. Un mec qui pense que tuer quelqu'un, c'est juste une transaction en crypto et un point GPS. Et là, c'est jackpot. Pour les flics. Pour les services. Pour les barbouzes. Ils n'ont plus qu'à dérouler le fil. Faux hitman, vrai OPJ planqué derrière une interface pourrie, et quelques captures d'écran plus tard, t'as le paumé qui se fait cueillir chez lui pendant qu'il digère son kebab.

Mais nous, les trolls, on regarde tout ça avec un mélange de fascination morbide et de dégoût profond. Parce qu'un mec prêt à buter quelqu'un via Telegram, c'est un connard. Un vrai. Mais c'est aussi une cible. Un jouet. Un outil. T'as envie de le démonter, de le faire flipper, de le retourner contre lui-même. T'as envie de le suivre, de voir jusqu'où il va, de lui tendre des pièges, juste pour le plaisir de le voir s'effondrer. Pas parce que tu veux sauver la veuve et l'orphelin. Juste parce que ces mecs foutent en l'air notre terrain de jeu.

Avant, Telegram, Dread, Hydra, c'étaient des zones grises. Des lieux de tension, de manipulation, de stratégie. On y plaçait des rumeurs, des récits trafiqués, on y foutait la merde pour le sport ou pour la politique. On y observait des groupes s'effondrer, des egos s'étriper. Maintenant ? On doit partager ça avec des mecs qui veulent commander un contrat sur leur ex ou un concurrent pour une poignée de Bitcoin. Et évidemment, ça ramène les keufs. Les juges. Les réquisitions. Les "opérations de surveillance discrète". Tu parles.

Ces connards nous volent notre ombre. Ils allument des néons dans nos catacombes. Ils foutent des gyrophares là où on dansait dans le noir.

Et le plus ironique ? C'est qu'on pourrait leur apprendre. Leur expliquer comment ne pas laisser de trace. Comment brouiller les pistes. Comment disparaître. Mais non. Ces mecs veulent juste appuyer sur un bouton et voir un cadavre apparaître. Ils veulent du résultat, pas du style.

Mais qu'ils sachent un truc : les trolls ne sont pas vos potes. On ne valide pas vos fantasmes de série noire. On ne cautionne pas votre violence de merde. On vous observe. On vous piste. Et si on veut, on vous balance. Pas parce qu'on aime les keufs. Parce qu'on déteste qu'on vienne pourrir notre terrain avec votre merde. Parce que vous êtes dangereux, mais pas malins. Et un dangereux pas malin, ça attire toujours les flics.

Et ça, on vous le pardonnera jamais.

3. L'économie du fake : faux billets, fausses identités, vrais dégâts

Bienvenue dans le marché aux illusions. T'as 700 balles à claquer ? Tu repars avec un passeport belge tout neuf. T'as besoin d'un billet de 50 € pour impressionner ton dealer ? T'en achètes dix, version photocopie HD, à 20 % du prix. Diplômes, cartes Vitale, cartes grises, comptes bancaires préchargés avec juste assez pour acheter ta dignité : tout est là, bien rangé dans des canaux Telegram publics. Même pas besoin de tor, de VPN ou de code d'accès planqué. Une recherche. Trois emojis. Et tu tombes dans l'évier numérique où les identités se fabriquent comme des paquets de clopes au marché noir.

En février 2024, les douaniers français et les flics espagnols ont joint leurs petits doigts pour faire tomber un réseau entier de faux papiers. Spoiler : tout était piloté depuis Telegram. Avec des bots. Des putains de bots qui te sortaient un faux titre de séjour comme une IA te sort un poème. Automatisé, calibré, prêt à l'emploi. Tu tapais un nom, une photo, une adresse approximative, et paf : t'existais.

Mais pour nous, les trolls ? C'est pas un kiff. C'est pas une aubaine. C'est une putain de verrue. Parce qu'à chaque fois qu'un tocard imprime un faux billet ou tente de refaire sa vie avec une identité volée sur un canal à 2000 membres, les OPJ se pointent. Les juges signent. Les commissions rogatoires débarquent. Les réquisitions pleuvent comme la pisse d'un clebs apeuré. Et là, notre zone grise, notre petit théâtre d'influence et de chaos contrôlé, devient un champ de mines.

Nous, on vend rien. On vend pas de crack. On fait pas dans le faux papier. On vend pas d'armes. On vend du doute. On vend des ruptures dans les récits. On injecte de la dissonance. Mais eux, les marchands de faux, les camés du billet trafiqué, foutent tout en l'air. Parce que leur business attire les projecteurs. Les keufs, les juges, les flics de bureau qui découvrent Telegram comme des boomers découvrent TikTok. Et une fois qu'ils sont là, tu peux plus t'amuser. Tu peux plus infiltrer, ni manipuler. T'as une lumière bleue qui clignote dans le salon.

Alors ouais, on les observe. On les regarde vendre leur came en DM, en stories chiffrées, en threads à emojis. On prend des notes. On archive. On classe. Et parfois, quand ça pue trop, quand un d'entre eux commence à se croire intouchable, on le pousse doucement. Juste un petit coup de coude dans la mauvaise direction. Un leak, un faux client, un "collègue" un peu trop bavard.

Pas par morale. Pas pour faire plaisir à la BAC ou à Europol. Mais pour préserver notre terrain. Parce qu'on veut pas que le troll devienne une cible secondaire dans un putain de plan de lutte contre la criminalité organisée. On veut pas finir noyé entre un mec qui imprime des faux billets et un autre qui vend des armes de poing rouillées depuis sa cave à Molenbeek.

Notre chaos est mental. Le leur est trop physique. Trop sale. Trop voyant. Et quand ça devient voyant, ça finit toujours par faire tomber le rideau. Et ça, c'est ce qu'on déteste le plus.

4. Quand les dealers parlent trop, les trolls écoutent

Un vrai mec du biz, un pur, un ancien, il la ramène pas. Il fait son fric, il ferme sa gueule. Il vend ses kilos dans l'ombre, il parle en code, il vit en mode avion. Mais aujourd'hui, les nouveaux barons se prennent pour des influenceurs. Ils font des stories avec leurs pochons sous filtre rose, ils balancent des "livraisons express" à coup de gifs animés, ils posent leur putain de menu comme s'ils ouvraient un kebab halal. C'est plus du deal, c'est de la téléréalité.

Et pendant qu'ils font les beaux, les trolls matent. Silencieux. Patients. Parce que ces bouffons, à force de parler trop fort, finissent par créer des échos qu'on peut capter, analyser, démonter. Certains trolls, les bons, les méticuleux ont même codé des outils maison. Des petits scripts vicieux pour tracker les pseudos, repérer les redondances entre les canaux, capter les messages juste avant leur suppression. Ça sonne comme du flicage ? Pas du tout. On n'est pas des balances. On est des analystes du chaos. On cartographie, on étudie, on anticipe.

Parce que ces débiles à emoji, ces vendeurs de crack 2.0, ils vont pas tarder à faire débarquer les stups, les cyber, les OPJ en jogging tactique. Et quand ça va tomber, ça va pas faire le tri entre les vendeurs de shit et les poseurs de graines mentales. Tout le monde va manger. Tout le monde va finir dans un rapport. Et ça, c'est le genre de pollution qui rend un espace inutilisable pour des mois.

Nous, on veut pas vos putains de produits. On veut la paix. Le silence. L'écho des discussions tordues et des egos qui vrillent. Pas vos commandes en DM, pas vos codes promo pour la weed. On veut pas finir dans vos descentes. On veut pas que nos canaux soient fichés parce qu'un Jean-Kévin a vendu 15 cachetons à un infiltré qui écrit ses rapports en Comic Sans.

Alors on observe. On note. On comprend qui parle trop. Et quand il le faut, on agit. Discrètement. On pousse un canal à exploser. On fait fuiter une info. On balance un message vague dans le salon. Pas pour balancer. Mais pour que ça crame. Pour que les mecs sentent que c'est fini, que ça pue, que faut se barrer. Et qu'ils dégagent. Loin.

Parce que nous, on trollait tranquille. Dans la pénombre. Dans l'intelligence sale. Pas dans la livraison chronopost avec selfie et code promo. Leur monde est vulgaire. Le nôtre est toxique. Et dans cette guerre de l'ombre, c'est pas le plus musclé qui gagne. C'est le plus silencieux.

5. Le nettoyage viendra : les trolls ne partagent pas leur zone

Tu vois, ces mecs-là, les petits vendeurs de shit en emoji, les marchands de mort à deux chiffres, ils pigent pas dans quoi ils ont mis les pieds. Pour eux, Telegram, c'est le nouveau darknet de pacotille, une version Lite de l'enfer avec des stickers animés et des bots à code promo. Ils pensent qu'ils vont pouvoir poser leur matos, balancer deux trois vocaux crados et encaisser comme si le terrain leur appartenait. Mauvaise pioche.

Parce que ce terrain, c'est pas un marché libre. C'est notre putain de territoire. Celui qu'on a quadrillé, cartographié, nettoyé à notre manière, par le silence, la stratégie, le mindfuck bien dosé. Et eux, ils débarquent avec leurs livraisons express, leurs comptes "deal-paris-972" et leurs salades de pseudos à la con. Et le pire, c'est qu'ils se croient invisibles. Intouchables. Planqués derrière leurs proxies du dimanche et leurs numéros en .io.

Sauf que nous, on est pas aveugles. On les voit. On les trace. Et plus ils prennent leurs aises, plus ils nous foutent dans la merde. Parce qu'à force de jouer aux narcos du clavier, ils attirent les fédéraux, les RG, les OPJ en costard. Ils foutent des gyrophares dans les couloirs qu'on veut garder sombres. Ils font entrer l'État là où on cultivait la zone grise, discrètement, entre deux fakes et un raid mental.

Et tu sais quoi ? On va finir par les balancer. Pas par morale. Pas pour sauver le monde. Mais parce qu'ils nous font chier. Parce qu'ils salissent notre table de jeu. Parce qu'un jour, y'en aura un qui parlera trop, qui postera un screen de trop, et qu'on va faire fuiter. On balancera le bon dossier au bon moment. Pas besoin de signer. Pas besoin de revendiquer. Juste un petit push, et ils tomberont tout seuls, comme des glands en chute libre.

Et là, tu vas voir les feds sourire. Parce qu'ils n'attendent que ça. Un leak bien senti, et hop, ça devient exploitable. C'est plus une rumeur, c'est une piste. Une preuve. Un début de procédure. On leur mâche le boulot. On fait leur job de taupe. Et dans le fond, ils diront rien. Ils te fileront pas de médaille, mais crois-moi, ils penseront très fort : "merci les trolls".

Parce qu'on n'est pas des flics. Mais on connaît leurs méthodes. On sait ce qu'ils peuvent utiliser. On sait ce qui passe entre les mailles du code pénal. Et surtout, on sait déclencher les chutes. On est pas là pour t'arrêter. On est là pour te détruire socialement, numériquement, stratégiquement. Et quand t'auras le dos tourné, que t'auras cliqué sur le mauvais canal, sur le mauvais fichier, dans la mauvaise nuit... le reste suivra. En cascade.

Les trolls ne partagent pas leur zone. Les parasites trop voyants finissent éliminés. Pas par principe. Par nécessité. Ce terrain-là, c'est pas un drive de coke, c'est un champ de bataille psychologique. Et si tu viens poser ton sac de dope au milieu des barbelés, t'étonne pas qu'on te saute à la gorge.

On t'a laissé respirer. Mais on a aussi ouvert le dossier.

Et maintenant, on attend juste que tu fasses le dernier faux pas. Le leak est prêt. Les feds ont faim.

Et toi ? T'as déjà perdu. Tu le sais pas encore, c'est tout.

CHAPITRE 13

LE CŒUR CACHÉ DU TROLL : SOLITUDE, FÊLURES ET FANTÔMES NUMÉRIQUES

"Même les monstres veulent qu'on les regarde avec tendresse, une fois qu'ils ont fini de mordre."

Inconnu, retrouvé dans un carnet de notes sur un chan fermé

1. Les nuits blanches du fantôme

Le troll ne dort pas. Il simule, il fait mine, il laisse croire qu'il s'éteint comme les autres. Mais non. Il erre. Il traîne dans les ruelles numériques comme un chien battu trop fier pour pleurnicher. Il scrute les ombres. Il rouvre de vieux canaux, des conversations mortes, des photos archivées, des captures de guerre. Il se remémore les coups portés, les humiliations servies, les bastons qu'il a gagnées. Et il rigole pas tant que ça.

Parce qu'une fois le feu retombé, quand t'as ni cible ni buzz à foutre en l'air, ce qui te reste, c'est toi. Toi et tes cicatrices. Tes silences. Ton cœur qui cogne trop fort pour un gars censé ne plus rien ressentir. Tu te dis que t'es invincible, mais la vérité, c'est que t'as jamais été aussi seul.

Tu mates des profils Insta à 2h37 du mat. Des meufs que t'as jamais osé aborder. Des vies qui ont l'air rangées, douces, pleines de trucs que t'auras jamais : des dîners avec des potes, des gens qui te souhaitent bon anniversaire, des textos qui disent "tu me manques". Toi, personne t'attend. Et c'est pas que t'as pas essayé. C'est juste que t'as trop flingué pour qu'on te prenne encore au sérieux.

T'aimerais juste, une nuit, qu'une meuf te prenne dans ses bras et te dise "je sais". Pas "je te comprends", tu sais que t'es incompréhensible. Juste "je sais". Je sais que t'as mal, je sais que tu veux qu'on te serre fort, même si t'oses pas le demander. Que derrière les blagues pourries et les punchlines assassines, y'a un mec qui crève d'envie de croire en autre chose que la haine.

Mais personne vient. Alors tu t'endurcis. Tu relances la machine. Tu redevins ce que t'as toujours été : un spectre qui fait saigner le monde pour pas se vider lui-même. Un sniper émotionnel, un saboteur de récits, un tueur de certitudes.

Et pourtant, parfois, t'y repenses. À cette fille que t'as jamais rappelée. À ce pote que t'as ghosté pour un truc trop con. À ce moment où t'aurais pu baisser la garde et t'as préféré frapper. Parce que t'avais peur. Peur d'être aimé et de pas savoir quoi en foutre. Alors t'as tout gâché. Et maintenant tu trolles, parce que c'est le seul truc que tu sais faire sans tout détruire autour.

Tu rêves plus de gloire. Ni de vengeance. T'as juste envie qu'on te regarde sans te juger. Qu'on te dise que t'es pas qu'un connard. Mais le souci, c'est que tu l'as trop bien joué, ton rôle. Le monde t'a classé dans la catégorie "toxique", "dangereux", "à éviter". Alors t'obéis. T'es le connard. Le mec à qui on parle pas. Le nom qu'on efface.

Et dans ce néant, tu continues. Tu balances des bombes numériques. Tu plantes des graines de doute. Tu fais vriller des groupes entiers. Pas par méchanceté. Mais parce que c'est tout ce qui te reste. Le chaos comme refuge. Le feu comme caresse.

T'es pas un héros. T'es pas un monstre non plus. T'es juste un type paumé, avec un clavier et des nuits trop longues. Un fantôme qui rêve encore d'être vivant, mais qui sait qu'il a cramé toutes ses chances. Alors il fait ce qu'il sait faire de mieux : il fout le bordel.

Et peut-être qu'un jour, quelqu'un viendra lire entre les lignes, voir derrière les flammes, capter le cri étouffé qu'il y avait dans chacun de tes silences.

Mais d'ici là, t'es seul.

Et tu continues de troll, parce que c'est tout ce que t'as.

2. L'amour vu de loin, derrière un écran

Il en a vu passer, des filles. Des beautés qui t'arrachent les tripes, des voix qui te restent coincées dans la gorge pendant des mois. Des meufs avec des regards qui te scannent l'âme en trois secondes. Il en a aimé, ou du moins il a cru. Parfois, il s'est même pris à rêver. Une seconde. Une seconde où il se disait "elle, putain, elle pourrait peut-être me réparer." Et puis il a ri, tout seul. Parce qu'il sait que c'est mort.

Lui, l'amour, il le vit comme un voyeur. Un chien galeux à la fenêtre d'un resto chic. Il regarde les autres s'aimer, se tenir la main, poster leurs brunchs et leurs promesses sur Instagram, pendant que lui envoie des mèmes aux meufs qui lui plaisent. Des trucs cryptés. Jamais directs. Toujours ironiques. Parce qu'il sait pas faire autrement. S'il dit "t'es belle", il se sent con. S'il écrit "tu me manques", il a l'impression de chialer tout nu devant tout le monde.

Alors il teste. Il pique. Il balance des punchlines à double tranchant, genre "tu serais presque sympa si t'étais pas aussi chiante". Et quand la meuf rigole, il se dit qu'il tient peut-être un fil. Et s'il sent qu'elle le capte, qu'elle voit au-delà du cynisme, là il panique. Il coupe. Il ghoste. Il fuit.

Il est flingué, ouais. Il le sait. Il pourrait aimer, il pourrait être doux, il pourrait même donner beaucoup. Mais il est incapable de faire simple. L'amour, chez lui, c'est comme foutre du parfum sur un tas de ruines. Ça sent bon deux minutes, mais au fond, ça pue toujours la charogne.

Il a déjà protégé des filles. Des vraies. Des fragiles. Même après les avoir testées, humiliées parfois, pour voir si elles tenaient debout. Et quand il a vu qu'elles pliaient pas, il a veillé sur elles. En silence. Il a nettoyé leurs arrières. Il a planté ceux qui les salaient en DM. Mais il l'a jamais dit. Parce qu'il veut pas qu'on sache qu'il peut être loyal. Qu'il peut aimer. Qu'il peut être humain.

Il s'attache en scred. Il relit des conversations en boucle. Il screen des profils qu'il n'osera jamais liker. Il imagine des scènes banales : une bière en terrasse, un film à deux, une main sur une cuisse. Et puis il efface. Il coupe. Parce qu'il sait qu'il serait incapable de vivre ça sans le foutre en l'air à coups de parano et d'excès.

Il est pas fait pour aimer. Ou alors il est fait pour aimer de loin. Sans toucher. Sans troubler. Juste regarder. Juste protéger à distance. Il serait capable de cramer un groupe entier pour venger une meuf qui sait même pas qu'il l'aime. Il serait capable de hacker un mec qui la drague trop vite. Et elle ne saura jamais.

C'est ça, l'amour d'un troll. Un amour qui dit jamais son nom. Qui n'envoie pas de fleurs mais des punchlines. Qui ne tient pas la main, mais qui nettoie le terrain. Et au final, il laisse partir. Toujours. Parce qu'il a pas le mode d'emploi du cœur. Parce qu'il pense qu'il mérite pas. Et que même si un jour il y croyait, il préférerait se taire que se montrer fragile.

Alors il aime dans le noir, les poings fermés, les dents serrées. Il aime en silence, comme un mec qu'on a pas appris à dire "je t'aime", mais qui serait prêt à foutre le feu au monde entier pour un sourire sincère.

3. La loyauté sans visage

Il les connaît depuis vingt piges. Pseudos chelous, avatars à la con, accents numériques. Des mecs qu'il a jamais vus, jamais touchés, jamais entendus en vrai. Et pourtant, il leur confierait sa vie avant même celle de son voisin de palier. Parce que la loyauté, pour lui, c'est pas une question de serrage de mains ou de gueules qui transpirent la sincérité. C'est une question de présence. D'engagement dans l'ombre. De silences pleins de sens à trois heures du mat.

C'est des types qui répondent toujours. Qui lâchent pas. Qui flippent pas quand faut salir leurs doigts. Ils sont là, planqués derrière un VPN, planqués derrière trois firewalls et dix pseudos, mais quand t'as besoin d'eux, ils débarquent. Ils t'envoient le fichier. Ils te filent le lien. Ils balancent l'info. Ils frappent sans poser de questions. Pas pour le kiff, pas pour le like, mais parce que c'est ça la règle entre fantômes.

Il les connaît par cœur. Leurs rythmes. Leurs fautes de frappe. Leurs tics de langage. Leurs insomnies. Il sait quand ça va pas. Il sent quand l'un d'eux est en train de sombrer. Et pourtant, il saurait même pas les reconnaître dans un bar. C'est beau, putain. C'est plus fort que l'amitié IRL. C'est plus solide que ces connards qui te font un hug et t'oublient trois jours après.

Et quand l'un d'eux disparaît ? C'est pas une alerte. C'est pas un faire-part. C'est un compte inactif. Un silence qui s'étire. Un pseudo grisé qui revient plus. Et ça fait mal. Ça laisse un creux. Un vide qui pue la fin. Il se demande s'il est mort. S'il s'est fait choper. S'il a juste décidé de tout éteindre. Il en saura jamais rien. Y'aura pas d'enterrement. Pas de fleurs. Pas de minute de silence sur Zoom.

Alors il ouvre un onglet. Il allume l'écran. Et il pense à lui. Fort. Comme un putain de cri qu'on garde en soi parce qu'on sait que personne ne comprendra. Il se repasse les logs, les messages, les coups d'éclat, les engueulades. Il revoit les blagues pourries à 4h du matin et les furies coordonnées dans les salons. Et il serre les dents. Parce qu'un frère est tombé. Et que dans ce monde-là, personne ne te console. T'es juste là, devant ta lumière bleue, avec le cœur un peu plus vide et les poings un peu plus serrés.

La loyauté, chez les trolls, c'est pas des déclarations. C'est pas des promesses. C'est du silence partagé, du respect dans l'action, de la confiance sans visage. Et c'est peut-être le seul endroit au monde où elle existe encore, pure, brutale, sans bullshit.

Il ne saura jamais s'il reverra son frère d'arme. Peut-être qu'un jour il verra un pseudo familier réapparaître. Peut-être pas. Mais il le portera avec lui. Comme un tatouage digital. Un code dans la tête. Un "tu me manques" qu'il ne dira jamais. Parce qu'ici, on dit rien. On agit.

4. L'envie de redevenir humain, parfois

Un troll, c'est un monstre bien déguisé. Une bête raffinée. Un esprit affûté planqué derrière le chaos. Mais parfois, il en peut plus de jouer à ce jeu-là. Il aimerait juste poser les armes. Ranger le sarcasme. Quitter la scène. Et redevenir humain. Vraiment. Sans masque. Sans plan. Sans putain de stratégie.

Il y pense quand il voit un couple dans la rue, qui rigole sans se juger. Il y pense quand il croise un regard sincère dans un live, un vrai, pas un stream orchestré pour grappiller de l'attention. Il se surprend parfois à rêver d'un date sans arrière-pensée, d'une soirée où il ne calculerait rien, où il ne lirait pas entre les lignes. Juste être là. Écouter. Rire. Faire un vrai câlin. Et pas une étreinte calculée pour mieux serrer l'ego de l'autre.

Mais il sait. Il sait que s'il baisse la garde, ne serait-ce qu'un instant, c'est terminé. Qu'on le bouffera. Qu'on l'utilisera. Qu'on rira de sa gueule dès qu'il tournera le dos. Il a vu trop de regards faux. Trop de mains tendues avec des lames dans les paumes. Il a trop donné pour redevenir un mec normal sans arrière-chambre mentale. Alors il se protège.

Il voit bien qu'il passe à côté de moments simples. Il sait qu'il a blessé des gens qui voulaient juste l'aimer. Il le sait, bordel. Mais il sait aussi que l'amour, c'est une faille. Une porte grande ouverte vers la trahison. Et les trolls, ils laissent pas de portes ouvertes. Ils clouent les issues et ils foutent les clés au feu.

Alors oui, parfois, il rêve. D'un dîner sans double fond. D'un "ça va ?" qui serait sincère. D'un dimanche à rien foutre, sans parano, sans alerte, sans DM qui pue le conflit. Il aimerait juste poser sa tête sur l'épaule de quelqu'un. Respirer. Et ne pas être celui qui guette. Celui qui anticipe. Celui qui contrôle.

Mais ça, c'est pour les autres. Les normaux. Les naïfs. Les chanceux.

Lui, il est programmé pour survivre. Alors il remet le masque. Il recharge la batterie. Il rouvre ses fichiers. Il retrouve son pseudo. Et il reprend sa place dans l'ombre.

Parce que c'est ça, sa vraie maison. Un espace sans tendresse. Mais où au moins, il ne risque plus de souffrir comme un con qui y aurait cru.

5. Les silences qu'on n'oublie pas

Ce que le troll laisse derrière lui, ce ne sont pas des punchlines. Ce ne sont pas des trophées, ni des likes, ni des captures glorieuses pour faire les malins dans un groupe privé. Ce qu'il laisse, ce sont des silences. Des absences. Des connexions brusquement coupées. Des profils qui passent offline sans bruit. Des messages jamais envoyés, qu'il a tapés, effacés, retapés, puis laissés mourir dans le vide.

C'est ça, l'empreinte d'un troll. Une forme fantomatique dans le décor numérique. Un "vu" laissé sans réponse. Un canal déserté. Une voix qui n'a jamais eu de timbre. Une silhouette qu'on devine mais qu'on ne touche jamais. Il ne cherche pas à être aimé. Il s'en fout de l'amour, il le connaît mal. Mais parfois, dans un moment de faiblesse, il rêve d'être compris. Juste ça. Que quelqu'un lise entre les lignes. Qu'on capte que derrière le poison, il y a une forme de pudeur. Une forme de peur.

Le troll, c'est pas une machine à haine. C'est un humain trop lucide, trop cabossé, trop orgueilleux pour se donner sans armure. Il détruit parce qu'il n'a jamais appris à réparer. Il manipule parce qu'il n'a jamais su demander. Il rôde dans les marges parce que le centre lui fout la gerbe. Et quand il disparaît, il laisse toujours un manque. Une sensation étrange. Comme un malaise qui traîne. Comme un fantôme qui s'est penché sur toi sans que tu le voies.

Et toi qui as lu ce livre jusqu'au bout, peut-être que tu t'es reconnu. Un peu. Beaucoup. Ou pas du tout. Peut-être que tu t'es senti sale. Peut-être que tu t'es senti fort. Peut-être que t'as juste pris du plaisir à comprendre ce qui se trame dans les coulisses. À voir les rouages. À entrevoir la mécanique sous le vernis.

Mais retiens une chose.

Ce monde-là, il existe. Ces méthodes-là, elles tournent. Et toi, tu vis dedans. Que tu le veuilles ou non. Tu peux fermer les yeux. Tu peux bloquer. Signaler. Mépriser. Rire. Mais les trolls sont là. Dans les ombres. À tester les failles. À réveiller les parts mortes. À poser les questions que personne ne veut entendre. Et parfois, à dire ce que tout le monde pense tout bas.

Le troll, ce n'est pas toujours un monstre. Parfois, c'est juste le miroir qu'on préfère briser plutôt que d'y regarder sa propre lâcheté.

Et si t'as tout lu... alors t'as plus d'excuse.

Tu sais que ce jeu existe. Tu sais comment il se joue. Tu sais comment on l'évite. Ou comment on y plonge.

À toi de voir. Soit tu fais partie des figurants. Soit tu tires les ficelles.

Mais une chose est sûre :

on n'oublie jamais un silence bien placé.

Et si un jour tu sens une présence, un souffle, un doute... C'est peut-être qu'un troll est déjà passé par là.

LEXIQUE DU TROLLING NUMÉRIQUE

A

- **Admin (Administrateur)** : Personne qui gère une plateforme en ligne ou un serveur. L'admin a tous les pouvoirs : il peut créer ou supprimer des sections, modifier les règles et détient souvent les droits de bannir des utilisateurs. C'est l'administrateur principal responsable de la modération globale et de la maintenance du site ou forum.

- **Anonymat** : État d'un utilisateur dont l'identité réelle n'est pas connue en ligne. L'anonymat peut être partiel ou complet, selon que l'on utilise un pseudonyme sans révéler son vrai nom, ou des outils techniques pour cacher son adresse IP et sa localisation. Les trolls recherchent souvent l'anonymat pour agir sans craindre de conséquences personnelles.

- **Auto-delete** : Fonctionnalité ou pratique permettant à des messages de se supprimer automatiquement après un certain délai. Par exemple, certains chats proposent l'auto-delete (auto-destruction) des messages au bout de quelques secondes ou minutes afin d'effacer les traces. Les trolls utilisent l'auto-delete pour réduire la possibilité d'être démasqués ou simplement pour que leurs messages choc disparaissent après avoir été lus.

- **Avatar** : Image ou illustration qui représente un utilisateur sur un profil ou dans une discussion en ligne. L'avatar sert d'icône personnelle et apparaît à côté du pseudonyme de l'utilisateur à chaque message posté. Il peut s'agir d'une photo de la personne, d'un dessin, d'un personnage de fiction ou de tout autre symbole choisi pour exprimer son identité en ligne.

B

- **Bait** : (de l'anglais "appât") Message ou contenu posté dans le but de provoquer une réaction prévisible chez les autres. Un bait est souvent un commentaire polémique ou absurde servant d'appât pour faire réagir émotionnellement les lecteurs. Les trolls "jettent l'appât" pour inciter quelqu'un à répondre impulsivement, ce qui crée des conflits ou des discussions animées dont ils s'amusent.

- **Ban (Bannissement)** : Exclusion imposée par un modérateur ou un administrateur à un utilisateur, lui interdisant l'accès à un espace en ligne (forum, chat, serveur, etc.). Être "ban" signifie qu'on est banni – temporairement ou définitivement – à la suite d'un comportement jugé inapproprié ou contraire aux règles. Par exemple, un troll peut être ban d'un forum s'il enfreint le règlement de manière répétée.

- **Bot** : Compte automatisé ou programme informatique capable d'interagir en ligne de façon autonome. Un bot peut poster des messages prédéfinis, répondre à des utilisateurs ou effectuer des actions en imitant un vrai participant. Certains bots servent à modérer (pour filtrer les spams), d'autres sont utilisés par des trolls pour inonder un espace de messages (flood) ou amplifier une propagande en faisant masse.

C

- **Catfish** : Terme désignant une personne qui usurpe une identité en ligne pour tromper les autres, souvent dans un contexte sentimental. Un catfish crée un faux profil (avec de fausses photos, un faux nom, etc.) pour abuser de la confiance d'une victime, par exemple en simulant une relation amoureuse. Ce type d'imposture peut être utilisé par des trolls ou arnaqueurs pour manipuler émotionnellement ou extorquer des informations.

- **Chiffrement (Encryption)** : Méthode de protection des communications qui consiste à coder les messages de sorte que seuls les destinataires prévus puissent les lire. Un message chiffré ressemble à une suite incompréhensible de caractères pour quiconque n'a pas la clé de déchiffrement. Des applications comme Telegram proposent du chiffrement de bout en bout pour garantir la confidentialité des échanges, ce qui peut faciliter des discussions discrètes, voire la coordination d'actions de trolls à l'abri des regards.

* **Cloisonnement** : (sens littéral : séparation en compartiments) Stratégie consistant à bien séparer ses différentes activités ou identités en ligne afin qu'elles ne puissent pas être reliées entre elles. Par exemple, un troll peut utiliser des pseudonymes différents sur chaque plateforme et ne jamais révéler d'informations croisées entre ses comptes (autre adresse e-mail, autre style d'écriture, etc.). Ce cloisonnement protège son anonymat : si l'une de ses identités est découverte ou bannie, les autres restent actives sans être compromises.

* **Cyberharcèlement (Harcèlement en ligne)** : Fait de harceler une personne via les outils numériques sur la durée. Le cyberharcèlement peut prendre la forme d'insultes répétées, de menaces, de diffusion de rumeurs (fake info) ou de publications humiliantes visant la victime. Souvent orchestré par un ou plusieurs trolls, ce harcèlement virtuel peut avoir de graves conséquences psychologiques sur la victime, bien que le phénomène se déroule en ligne.

D

* **Dark Web** : Partie d'Internet accessible uniquement via des logiciels ou configurations spécifiques (comme le navigateur Tor) et non indexée par les moteurs de recherche classiques. Le dark web est connu pour

héberger des sites anonymes, des forums privés et des marchés illicites. Des trolls ou hackers plus sophistiqués peuvent l'utiliser pour partager des informations discrètement, coordonner des actions ou échanger des données volées en profitant d'un fort anonymat.

- **Deepfake** : Média truqué créé grâce à l'intelligence artificielle, où l'on a superposé le visage ou la voix d'une personne sur le corps ou l'enregistrement d'une autre. Un deepfake vidéo, par exemple, peut faire apparaître quelqu'un en train de dire ou faire quelque chose qu'il n'a jamais fait, de manière très réaliste. Cette technique peut être utilisée par des trolls pour diffuser de fausses informations spectaculaires, piéger des internautes ou discréditer des personnalités en leur prêtant des propos fictifs.

- **Discord** : Plateforme de discussion en ligne très répandue, qui permet de créer des serveurs privés ou publics autour de communautés. Discord offre des salons textuels et vocaux où les utilisateurs échangent en temps réel (initialement prisé par les joueurs, il s'est étendu à d'autres groupes). Dans l'univers du troll, Discord est souvent utilisé pour se réunir entre trolls sur un serveur privé afin de planifier des raids ou partager des contenus, grâce à l'aspect semi-privé et éphémère de ces discussions.

- **DM (Direct Message ou Message Privé)** : Message envoyé directement et de manière privée d'un utilisateur à un autre sur les réseaux sociaux ou forums. Un DM est une conversation à part, invisible pour les autres, souvent utilisée pour échanger hors du regard public. Par exemple, un troll peut contacter sa cible en DM pour l'insulter discrètement, ou au contraire approcher d'autres trolls par ce biais pour coordonner une action sans être repéré par les modérateurs. (En français, on parle aussi de "MP" pour message privé.)

* **Doxx (Doxing)** : Pratique qui consiste à rechercher puis divulguer publiquement des informations personnelles sur quelqu'un, sans son consentement, dans le but de lui nuire. "Doxxer" une personne signifie exposer son nom réel, son adresse, son employeur, son numéro de téléphone, etc., souvent en représailles ou pour l'intimider. Les trolls les plus virulents utilisent le doxx comme une arme pour effrayer leurs victimes en brisant leur anonymat et en les exposant à d'autres formes de harcèlement hors-ligne.

E

* **Edgelord** : Mot d'argot (anglais) désignant un internaute qui cherche à choquer ou provoquer en adoptant volontairement des opinions extrêmes ou un humour très noir. Un edgelord poste des contenus "borderline" (limite) simplement pour se donner un style subversif ou rebelle, sans forcément croire réellement à ce qu'il dit. Ce comportement, commun sur certains forums ou communautés trolls, vise

surtout à attirer l'attention ou à se sentir supérieur en transgressant les normes sociales.

F

- **Fake info (Fausses informations)** : Information volontairement erronée ou mensongère diffusée en ligne comme si elle était vraie. Publier de la "fake info" peut servir à tromper, manipuler l'opinion ou nuire à la réputation de quelqu'un. Les trolls propagent souvent de fausses informations (par exemple, une rumeur inventée) pour semer le doute, ridiculiser leur cible ou simplement créer le chaos dans une discussion.

- **Faux-nez (Sockpuppet)** : Terme francophone désignant un compte secondaire ou une fausse identité créée par un utilisateur qui dispose déjà d'un compte principal. L'objectif d'un faux-nez est souvent de tromper les autres : le troll peut se servir de ce compte supplémentaire pour soutenir ses propres arguments, semer la zizanie sans entacher sa réputation principale, ou contourner un ban. En anglais, on parle de "sockpuppet" (littéralement "marionnette en chaussette"), image d'un pantin manipulé en cachette par quelqu'un d'autre.

- **FED** : Abréviation courante pour désigner les forces de l'ordre, services de renseignement, ou agents infiltrés, en gros, tous ceux qui bossent pour l'État et rôdent sur les plateformes, parfois incognito. Le terme vient de *Federal Agent* (agent fédéral) utilisé aux États-Unis, mais il est aujourd'hui employé de manière générique pour désigner les flics en ligne, ceux qui s'infiltrent dans les salons, observent, récoltent, analysent... sans jamais dire qu'ils sont là pour coffrer. Dans l'univers des trolls, un "FED" peut être un mec trop discret, trop poli, qui pose trop de questions et reste en ligne à 3h du matin sans jamais troller.

- **Flame (Flame war)** : Échange enflammé entre internautes, caractérisé par des insultes et des attaques personnelles. On parle de flame war (guerre de flammes) lorsque la discussion dégénère en règlements de comptes virulents, souvent hors du propos initial. Les trolls sont connus pour attiser les flames en provoquant les participants jusqu'à les mettre en colère, transformant un débat en dispute stérile. Une fois la flame war lancée, le sujet d'origine est généralement oublié au profit d'un torrent d'invectives.

- **Flood** : Action de saturer un canal de discussion avec un grand nombre de messages, souvent répétitifs ou sans intérêt, dans un laps de temps court. "Flooder" un chat ou un forum signifie y poster tellement de messages que la conversation normale devient impossible (les messages utiles sont noyés). Il peut s'agir d'envois multiples d'émoticônes, de copier-coller du même texte ou de *gibberish* (charabia). Le flood est une technique de troll classique pour déranger une communauté ou faire planter un système de messagerie.

- **Forum** : Espace de discussion en ligne structuré en catégories et en fils de discussion (threads). Sur un forum, les utilisateurs postent des messages publics autour d'un sujet initial et échangent de façon asynchrone (pas forcément en temps réel). Les forums web existent depuis les débuts d'Internet et sont des lieux classiques où sévissent les trolls, qui profitent de la visibilité offerte par ces tribunes pour troller un grand nombre de lecteurs. (Exemple de forums : des sites de discussion thématique, le forum 18-25 de Jeuxvideo.com, etc.)

G

- **Gaslighting** : Forme de manipulation psychologique où l'agresseur cherche à faire douter sa victime de sa propre perception de la réalité. Le terme vient d'un film où le mari manipule sa femme en modifiant l'environnement et en niant ses souvenirs, la rendant peu à peu confuse. En ligne, un troll peut pratiquer le gaslighting en niant des propos offensants qu'il a tenus ("Tu inventes, je n'ai jamais dit ça") ou en accusant la victime d'exagérer, ce qui finit par faire douter la victime elle-même de la véracité des faits. Ce procédé rend la cible plus vulnérable et moins encline à se défendre, car elle perd confiance en son propre jugement.

- **Ghost (Ghoster)** : Du verbe anglais *to ghost* signifiant « jouer les fantômes ». Ghoster quelqu'un, c'est cesser soudainement toute communication avec lui, sans explication. Par exemple, après une dispute en ligne, un troll peut ghoster sa cible en la bloquant ou en ne répondant plus du tout à ses messages, la laissant sans aucun moyen d'interagir. De manière générale, "ghoster" est fréquent dans les relations en ligne : une personne disparaît du jour au lendemain comme un fantôme, ce qui peut être frustrant ou blessant pour celle qui en est victime.

H

- **Hater** : Mot anglais signifiant littéralement "haineux". Il désigne une personne qui critique de manière systématique et virulente quelqu'un ou quelque chose en ligne. Un "hater", souvent appelé *rageux* en français familier, va par exemple laisser des commentaires méchants sous les publications d'une célébrité ou d'un créateur de contenu sans raison constructive, juste par antipathie ou jalousie. Les trolls sont fréquemment des haters qui s'en prennent à des cibles par pur dénigrement et agressivité gratuite.

- **Hoax (Canular)** : Canular en ligne, fausse alerte ou fausse nouvelle généralement diffusée dans le but de tromper ou de faire réagir naïvement les internautes. Un hoax bien connu peut être un faux avis de danger (par exemple, "tel additif alimentaire est mortel !") ou une histoire inventée (la fameuse chaîne qui annonce la fin de MSN ou un nouveau virus dévastateur inexistant). Les trolls lancent parfois des hoax simplement pour rire de ceux qui y croient et relaient l'information sans vérifier. Contrairement à la "fake info" malveillante, le hoax s'inscrit souvent dans une tradition de blague potache, mais il peut aussi causer de la désinformation involontaire.

I

• **Imageboard** : Type de forum anonyme centré sur le partage d'images, très populaire dans la culture internet anglophone. Les imageboards comme 4chan fonctionnent sans véritable inscription : chacun peut poster anonymement. On y trouve une succession de posts souvent illustrés d'images, regroupés par thématiques. Ces lieux ont la réputation d'être le berceau de nombreux mèmes et trolls, car l'anonymat total y libère la parole (et parfois les pires provocations). Le format imageboard favorise la diffusion virale de contenus visuels et de blagues internes de la communauté.

• **Inversion de discours** : Technique de manipulation ou de rhétorique où l'on renverse les arguments ou la narration au profit du troll. Concrètement, le troll pratique l'inversion de discours en accusant les autres de ce qu'il fait lui-même ou en reprenant leurs propos pour les retourner contre eux. Par exemple, si on le critique pour ses insultes, il prétendra être la victime d'insultes ; ou il travestira les faits pour faire passer son interlocuteur pour l'agresseur. Cette inversion sème la confusion et peut retourner la situation en faveur du troll s'il parvient à embrouiller suffisamment la perception des témoins de l'échange.

- **IP (Adresse IP)** : Numéro d'identification unique assigné à chaque appareil connecté à Internet (ordinateur, smartphone, etc.). Une adresse IP fonctionne comme une adresse numérique permettant de localiser l'origine d'une connexion (au moins approximativement, par pays ou fournisseur d'accès). Lorsque quelqu'un poste en ligne, son IP est souvent enregistrée par le site, ce qui peut permettre de remonter jusqu'à lui. Pour préserver leur anonymat, les trolls recourent à des VPN, proxies ou au réseau Tor afin de masquer leur adresse IP réelle, les rendant plus difficiles à identifier et à bannir définitivement.

- **IRC (Internet Relay Chat)** : Protocole et réseau historique de chat textuel en direct, très utilisé depuis la fin des années 1980. IRC se présente sous forme de "canaux" (channels) thématiques où les utilisateurs discutent en temps réel. C'est un système rudimentaire mais encore apprécié pour sa simplicité et sa légèreté. Les trolls y avaient (et ont toujours) libre cours dans certains canaux publics peu modérés, profitant de l'anonymat relatif et de l'absence de filtrage pour diffuser insultes ou flood. Malgré l'ancienneté d'IRC, des communautés actives s'y retrouvent encore, parfois hors des radars des plateformes grand public.

- **IRL (In Real Life)** : Acronyme signifiant "dans la vraie vie", utilisé pour distinguer la vie réelle de la vie en ligne. Par exemple, un troll peut être très audacieux sur Internet mais complètement différent IRL (face à face, dans le monde physique). On emploie IRL pour préciser qu'on parle de la réalité *offline* : "ils se sont rencontrés IRL" signifie que des personnes qui échangeaient virtuellement ont fini par se voir en personne. Ce terme rappelle que derrière les pseudonymes et avatars, il y a de vraies personnes qui existent en dehors du web.

J

- **Jeuxvideo.com (JVC)** : Site web français initialement consacré aux jeux vidéo, dont les forums sont extrêmement populaires et diversifiés. En particulier, la section "Blabla 18-25 ans" de Jeuxvideo.com est devenue notoire pour la présence de nombreux mèmes, trolls et discussions débridées. JVC est souvent cité dans les médias comme un foyer du trolling francophone, où se montent parfois des campagnes coordonnées (raids sur d'autres sites, création de buzz, etc.). Bien que le site lui-même ne se limite pas au troll, la culture de son forum phare reflète une partie de l'univers du trolling numérique en France.

K

- **Kikoo (Kikoolol)** : Terme péjoratif en argot internet français pour décrire un jeune internaute perçu comme immature, qui écrit en abréviations excessives ("slt cv ? moi osi mdrrr") et multiplie les émojis. Un "kikoo" ou "kikoolol" est souvent moqué pour son manque de maturité ou de maîtrise des codes en ligne. Les trolls aguerris utilisent ce terme pour ridiculiser des nouveaux venus ou des adolescents enthousiastes, considérant leur manière de communiquer comme naïve ou agaçante.

L

- **Leak** : Fuite d'information. En ligne, un "leak" désigne la divulgation publique de données initialement privées ou confidentielles, souvent de façon non autorisée. Cela peut être un document interne à une entreprise, des messages privés, des photos personnelles, etc., qui se retrouvent publiés sur Internet. Les trolls se réjouissent souvent des leaks qui embarrassent leurs cibles (par exemple la publication de conversations compromettantes) et certains participent activement à diffuser ces contenus. "Leaker" quelque chose signifie le faire fuiter délibérément.

- **Lulz** : Variante plurielle de "LOL", utilisée pour évoquer le rire aux dépens de quelqu'un. Faire quelque chose "for the lulz" signifie "pour le délire/pour rigoler", sans autre but que de s'amuser, souvent aux dépens d'autrui. C'est un mot emblématique de la culture troll : les trolls justifient fréquemment leurs méfaits en disant qu'ils l'ont fait pour les lulz, c'est-à-dire pour le plaisir de se moquer ou de créer du chaos, sans se soucier des conséquences. Le terme souligne l'aspect potache et cynique de certaines actions trolls.

- **Lurker** : Utilisateur qui consulte régulièrement un forum, un groupe ou un chat, mais sans participer activement aux discussions. Un lurker (littéralement "rodeur") lit les messages des autres mais reste silencieux : il n'écrit pas ou très rarement. Beaucoup de nouveaux membres commencent comme lurkers pour s'imprégner de la communauté avant de poster. Dans le contexte du trolling, un lurker peut aussi être un troll qui surveille en retrait sans intervenir, ou un simple membre du public qui assiste à la joute verbale sans y prendre part.

M

- **Mème (Meme Internet)** : Concept, image ou vidéo amusante qui se répète et se décline massivement sur Internet, détourné par les internautes avec de légères variantes. Un mème peut être une photo légendée de façon humoristique, une expression (par ex. "Disaster Girl", montrant une fillette souriant devant un incendie, devenu un mème pour signifier un plaisir malicieux face à un désastre). Dans la sphère troll, les mèmes sont des outils privilégiés pour véhiculer des blagues internes ou ridiculiser une cible de manière virale. La culture du mème est centrale dans la communication des trolls, car elle permet de faire passer des messages moqueurs de façon détournée et souvent anonyme.

- **Modérateur (Modo)** : Personne chargée de faire respecter les règles d'un espace en ligne (forum, réseau social, chat). Le modérateur peut éditer ou supprimer les messages inappropriés, sanctionner les utilisateurs (avertissements, bannissements) et veiller à la bonne tenue des échanges. Souvent bénévole ou membre de l'équipe du site, il sert de garde-fou contre les abus. Les trolls cherchent régulièrement à échapper à la vigilance des modérateurs ou à les défier, puisque ceux-ci ont le pouvoir de limiter leurs actions (par exemple en supprimant un post de troll avant qu'il ne suscite des réactions).

- **Monero** : Cryptomonnaie connue pour son haut niveau de confidentialité et d'anonymat. Contrairement à Bitcoin, dont les transactions sont publiques sur une blockchain visible, Monero utilise des technologies de cryptage avancées pour dissimuler l'expéditeur, le destinataire et le montant de chaque transaction. De ce fait, Monero est prisé dans les milieux recherchant la discrétion financière : certains trolls ou hackers l'utilisent pour collecter des dons ou effectuer des paiements sans laisser de traces. C'est un outil monétaire qui s'inscrit dans l'arsenal visant à rester anonyme sur le web.

N

- **Noob (Newbie)** : Terme d'argot (anglais) signifiant "novice". À l'origine neutre pour désigner un débutant dans un jeu vidéo ou un forum, "noob" est surtout employé péjorativement pour se moquer d'une personne inexpérimentée qui commet des erreurs considérées comme basiques. Les trolls traitent volontiers les autres de noobs pour les rabaisser, que ce soit en jeu ("Tu joues trop mal, espèce de noob !") ou dans une discussion technique. Il existe des variantes francisées comme "boulet" ou simplement "débutant", mais "noob" est très répandu dans le langage en ligne.

- **NSFW** : Acronyme anglais de "Not Safe For Work", qui signifie "Pas sûr pour le travail". Il sert à avertir que le contenu auquel il est associé n'est pas approprié dans un contexte professionnel ou public, en général parce qu'il est explicite, choquant ou pornographique. Par exemple, un lien marqué NSFW peut mener à une image violente ou sexuelle. Les trolls peuvent utiliser du contenu NSFW pour provoquer ou choquer des lecteurs involontaires, sachant que ce type de matériel pris à l'improviste peut mettre mal à l'aise ou créer des problèmes (imaginez ouvrir un tel contenu au bureau). Marquer NSFW est une forme de politesse minimale, mais certains trolls postent délibérément du NSFW sans avertissement pour piéger les autres.

O

- **OP** : Abréviation de "Operation" ou parfois "Original Poster", selon le contexte. Mais dans le monde du troll, OP veut surtout dire "opération". C'est le plan, le coup, l'action stratégique qu'on lance pour faire bouger les lignes dans une room, foutre la merde, retourner un groupe, tester une cible, ou saboter une dynamique. C'est l'équivalent numérique d'une embuscade ou d'une infiltration : méthodique, préparée, et souvent jouissive. Exemple : "On lance une OP sur le salon demain à 22h, soyez prêts." Ne pas confondre avec le sens plus soft qu'on retrouve sur Reddit ou les forums classiques, où OP désigne simplement l'auteur du post d'origine. Là, c'est juste le gars qui a posé la question ou lancé le sujet. Dans ton monde, c'est pas ce gars-là qui t'intéresse. Toi, tu penses stratégie, impact, résultat. Une OP, c'est pas une discussion : c'est une opération ciblée avec des conséquences.

P

- **PLS (Position Latérale de Sécurité)** : À l'origine, c'est un terme de secourisme (la posture administrée à une personne inconsciente pour maintenir ses voies respiratoires ouvertes). Sur Internet, "être en PLS" est une expression argotique humoristique qui signifie qu'une personne est accablée ou n'en peut plus, au point qu'on la visualise étendue par terre en position latérale de sécurité. Par exemple, après s'être fait ridiculiser par un troll, quelqu'un pourrait dire qu'il est "en PLS" pour signifier qu'il est mentalement K.O., dépassé par les événements. L'expression est souvent employée de manière moqueuse ou auto-dérisoire quand on subit un revers en ligne.

- **Pseudonyme (Pseudo)** : Nom d'emprunt choisi par un utilisateur pour s'identifier en ligne. Le pseudonyme remplace le nom civil et offre une certaine anonymité : on parle alors d'utilisateur "sous pseudo". Par exemple, un troll notoire peut sévir sous le pseudonyme "DarkJester92" plutôt qu'en révélant son vrai nom. Le pseudo fait partie intégrante de l'identité virtuelle ; il peut refléter une personnalité, un délire ou au contraire être choisi au hasard pour ne pas être reconnaissable. Dans l'univers du trolling, manipuler plusieurs pseudonymes (multi-comptes) est courant pour se donner l'illusion d'être plusieurs personnes ou simplement pour revenir incognito après un ban.

R

- **Ragequit** : Littéralement "quitter (une partie) sous l'effet de la rage". Ce terme décrit le fait de quitter abruptement un jeu en ligne, un chat ou une discussion, parce qu'on est trop frustré ou énervé pour continuer. Par exemple, un joueur qui se déconnecte immédiatement après avoir perdu en s'énervant a "ragequit". Les trolls cherchent souvent à pousser leurs victimes à ragequit, car c'est pour eux le signe qu'ils ont réussi à les mettre hors d'eux. Dans un débat en ligne, si un participant claque la porte après de vives attaques personnelles, on peut dire qu'il a ragequit la conversation.

• **Raid** : Action coordonnée par un groupe d'internautes consistant à intervenir en masse sur une même cible dans un court intervalle de temps. Un raid peut viser par exemple un serveur Discord ennemi, un tchat en direct, ou l'espace de commentaires d'une publication. Les participants au raid, souvent organisés par des trolls sur un canal privé, vont typiquement flooder, insulter, poster des mèmes ou du contenu perturbateur simultanément pour submerger les modérateurs et utilisateurs légitimes. L'effet de surprise et la quantité de participants créent un chaos temporaire. C'est l'équivalent en ligne d'une "descente" improvisée destinée à semer le trouble ou à faire passer un message par la force du nombre.

S

• **Seed (Torrent)** : Terme issu du partage de fichiers en pair-à-pair (P2P) via le protocole BitTorrent. "Seeder" signifie qu'une personne qui a téléchargé un fichier (par exemple un film, une archive) le laisse en partage pour que d'autres puissent à leur tour le télécharger. Ainsi un "seed" est un utilisateur disposant du fichier complet et le mettant en téléversement (upload) sur le réseau. Le seed est l'inverse du "leech" (sangsue) qui, lui, ne fait que télécharger sans partager. Dans certains cercles, notamment pirates ou trolls échangeant des données volumineuses (par exemple un leak de documents), on encourage à seed pour que la diffusion du fichier soit la plus large possible.

- **Shadow ban** : Type de bannissement furtif où l'utilisateur n'est pas informé qu'il a été banni. Concrètement, la personne *shadow-ban* peut continuer à poster des messages, mais ceux-ci sont rendus invisibles ou très peu visibles pour les autres membres. L'utilisateur pense donc toujours participer normalement alors que son contenu est occulté. Ce procédé est utilisé par certaines plateformes comme Twitter ou Reddit pour neutraliser les trolls ou spammeurs sans leur donner l'opportunité de se plaindre ou de créer un nouveau compte (puisqu'ils ne réalisent pas immédiatement qu'ils sont bannis). Le shadow ban peut décourager un troll, qui ne voyant plus personne réagir à ses provocations, finit par abandonner.

- **Shitpost** : Terme vulgaire (contenant le mot "shit", excrément) désignant la publication de contenu volontairement de très basse qualité, absurde ou offensant, dans le but de troller ou de saturer un fil de discussion. Le shitpost peut être une image grotesque, un texte sans queue ni tête, ou toute autre contribution "pourrie" qui détourne la conversation. L'idée est de "poster de la m**de" pour rire ou provoquer, sans souci d'apporter quelque chose de constructif. Bien que grossier, ce terme est largement utilisé dans la culture Internet pour qualifier les contributions qui n'ont d'autre but que de faire perdre du temps aux autres ou de faire marrer une petite clique aux dépens du bon sens.

- **Spam (Pourriel)** : Envoi massif et répété de messages non sollicités. À l'origine, le spam désigne surtout les courriels publicitaires indésirables qu'on reçoit par centaines, mais par extension on parle de spam pour tout contenu qui inonde un espace sans y être invité (publicités dans un forum, commentaires copiés-collés, etc.). Un spammeur peut être un robot ou un humain. Les trolls recourent au spam lorsqu'ils veulent noyer une discussion sous des messages inutiles, ou encore harceler quelqu'un en lui envoyant la même injure cinquante fois. Le mot *pourriel* (contraction de "pourri" et "courriel") est l'équivalent français proposé pour spam, mais il est moins employé.

- **Stalker (Harceleur)** : Personne qui suit obsessionnellement une autre cible en ligne, en surveillant ses moindres publications et en tentant d'interagir malgré le manque de réciprocité. *To stalk* en anglais signifie traquer. Un stalker peut passer son temps à consulter les profils de sa victime, à commenter chaque nouveau post qu'elle fait, voire à l'espionner sur différents réseaux (Facebook, Instagram, etc.). Ce comportement dépasse le simple troll occasionnel : c'est un harcèlement prolongé et intrusif. Le stalker cherche à maintenir un contact ou une influence non désirée sur sa cible, engendrant un fort malaise, voire de la peur, chez celle-ci.

- **Swatting** : Pratique dangereuse consistant à signaler une fausse urgence aux services de police en fournissant l'adresse d'une victime innocente, dans l'espoir de voir intervenir une unité d'élite (SWAT aux États-Unis, d'où le nom). Par exemple, un troll appelle la police en prétendant qu'une prise d'otages se déroule à l'adresse de sa cible ; une équipe armée débarque alors chez la personne surprise. Le swatting est une forme extrême de trolling qui peut causer un traumatisme énorme, des dégâts matériels et même des blessés ou des morts par méprise. Il s'agit d'un délit grave passible de poursuites, né dans les milieux gamer/troll anglo-saxons et qui a vu quelques cas médiatisés en France également.

T

- **Telegram** : Application de messagerie instantanée chiffrée, concurrente de WhatsApp, qui est appréciée pour ses fonctionnalités de confidentialité. Telegram permet de créer des groupes de discussion très larges ou des chaînes de diffusion, et propose des "chats secrets" dont les messages peuvent être programmés pour s'autodétruire. Dans l'univers troll, Telegram peut servir de refuge pour discuter loin des modérations jugées trop strictes d'autres plateformes : des groupes de trolls ou de militants controversés s'y organisent car ils y risquent moins d'être bannis. Bien que Telegram ne soit pas totalement anonyme (il faut un numéro de téléphone pour s'inscrire), son relatif isolement et son chiffrement en ont fait un outil prisé pour des communications discrètes.

- **Thread (Fil de discussion)** : Suite de messages liés les uns aux autres autour d'un même sujet initial. Sur un forum ou sur des réseaux comme Twitter, un thread désigne la conversation structurée qui s'ensuit après un premier post. Chaque réponse alimente le fil. Le mot "thread" (fil) illustre l'enchaînement cohérent des interventions : tirer le fil revient à suivre l'histoire du début à la fin. Sur Twitter, on appelle thread le fait de publier plusieurs tweets à la suite sur un sujet pour développer un propos au-delà de la limite de caractères par tweet. Pour un troll, savoir exploiter un thread signifie intervenir de manière à perturber le fil de discussion d'origine, par exemple en postant une réponse hors sujet ou provocatrice au milieu du thread.

- **Tor** : Logiciel et réseau décentralisé qui permet d'anonymiser sa connexion Internet en la faisant transiter par plusieurs relais chiffrés à travers le monde. Tor est souvent utilisé via un navigateur dédié (Tor Browser) qui donne accès, en plus du web classique, à des sites en *.onion* du dark web. Pour un troll soucieux de ne pas laisser de traces, Tor est un outil précieux car il masque l'adresse IP et rend très difficile l'identification ou la localisation de l'utilisateur. L'envers de la médaille est une connexion plus lente, mais le gain en anonymat est tel que Tor figure parmi les indispensables pour les activités en ligne risquées ou illégales.

- **Traître** : Dans une communauté en ligne, ce terme désigne un membre perçu comme ayant trahi la confiance du groupe. Par exemple, un modérateur qui divulgue des conversations privées de l'équipe, ou un complice de trolls qui décide soudain de tout révéler aux administrateurs ou au public, sera taxé de traître par les autres. Chez les trolls organisés, traiter quelqu'un de traître signifie qu'il a "balancé" des informations confidentielles ou qu'il a retourné sa veste. C'est l'insulte suprême dans un groupe qui valorise la loyauté. La conséquence fréquente est l'exclusion du "traître", voire des représailles comme le doxxing de ce dernier pour le punir de sa déloyauté.

- **Troll** : Internaute qui intervient dans les discussions dans le seul but de provoquer, semer la zizanie ou attirer l'attention de manière négative. Un troll (nom) peut opérer de multiples façons : poster des commentaires insultants, lancer des débats stériles, partager de fausses informations, changer de sujet abruptement (hors-sujet intentionnel) – tout ce qui peut agacer et faire réagir. L'origine du terme vient de la pêche à la trolle (*trolling* en anglais) où l'on traîne un appât pour attirer les poissons : le troll "appâte" les autres utilisateurs avec ses provocations. On emploie aussi "troller" (verbe) pour décrire l'acte de faire ce genre de perturbation en ligne. S'il y a parfois une dimension humoristique revendiquée ("ce n'était qu'une blague"), le troll est généralement mal vu car il nuit aux échanges constructifs.

- **Twitter/X** : Réseau social de microblogage bien connu pour publier des messages courts appelés tweets (ou "posts" depuis son rebranding en X en 2023). Twitter, renommé "X" par son nouveau propriétaire, reste souvent désigné par son ancien nom dans le langage courant. La plateforme est un lieu d'échange ouvert où les tweets d'un utilisateur peuvent être vus par n'importe qui (sauf comptes privés). De ce fait, elle a toujours été un terrain de jeu pour les trolls et les haters, qui profitent de la visibilité et de la viralité potentielles d'un tweet incendiaire. Sur Twitter/X, on voit fréquemment des polémiques éclater à partir de presque rien, alimentées par des comptes (parfois anonymes) qui jettent de l'huile sur le feu par plaisir du conflit ou pour gagner en notoriété (*bad buzz*). Les outils de modération existent (signaler un tweet, bloquer un compte, etc.), mais la nature publique et instantanée du réseau le rend particulièrement vulnérable au trolling.

U

- **Usurpation d'identité** : Fait de prendre l'identité d'une autre personne, généralement dans un but malveillant. En ligne, l'usurpation d'identité peut consister à créer un faux profil se faisant passer pour quelqu'un d'autre (par exemple en reprenant ses photos et son nom), afin de tromper les gens qui connaissent la vraie personne. Cela peut servir à décrédibiliser la victime (en tenant des propos scandaleux sous son nom), à escroquer ses contacts, ou simplement à accéder à des espaces réservés. C'est une infraction dans de nombreux pays. Les trolls qui pratiquent l'usurpation d'identité le font pour nuire à la réputation d'autrui ou se venger, en utilisant l'arme de la confusion entre vrai et faux profil.

V

*   **Victime** : Dans le contexte du trolling, c'est la cible des actions malveillantes. La victime peut être un individu (un membre d'un forum harcelé par un groupe de trolls, un joueur pris pour souffre-douleur dans un jeu en ligne, une personnalité publique recevant un torrent d'insultes...) ou même une communauté entière. Être la victime d'un troll n'a rien d'anodin : cela signifie subir moqueries, intimidation, divulgation de données personnelles (doxxing), etc., sans l'avoir cherché. Les trolls choisissent leurs victimes pour diverses raisons – parce qu'elles ont réagi à un de leurs appâts, parce qu'elles représentent une figure d'autorité à faire chuter, ou juste "pour le sport". Du point de vue des trolls, la victime est parfois appelée de façon péjorative "la cible" ou "le pigeon ».

- **VirtualBox** : Logiciel de virtualisation open source qui permet de faire tourner un système d'exploitation virtuel ("machine virtuelle") sur son ordinateur. En clair, VirtualBox crée un environnement isolé, comme un ordinateur dans l'ordinateur, dans lequel on peut lancer un autre OS (Windows, Linux…) sans risquer de modifier son système principal. Les trolls ou hackers l'utilisent pour tester des logiciels douteux (pour éviter d'infecter leur véritable machine), pour naviguer sous une identité séparée, ou pour simuler une configuration différente. C'est un outil pratique pour cloisonner ses activités : ce qui se passe dans la machine virtuelle reste séparé du reste, un peu comme une *sandbox* (bac à sable) de test.

- **VPN (Réseau Privé Virtuel)** : Service qui crée un tunnel sécurisé entre l'appareil de l'utilisateur et un serveur distant, chiffrant les données et masquant l'adresse IP réelle. Un VPN (Virtual Private Network) permet donc de se connecter à Internet en faisant transiter ses communications par un point relais situé ailleurs (souvent dans un autre pays). Aux yeux des sites web visités, l'internaute aura l'adresse IP du serveur VPN, pas la sienne, ce qui procure anonymat et contournement de certaines censures géographiques. Les trolls emploient des VPN pour dissimuler leur identité, échapper aux bannissements basés sur l'IP, ou accéder à des plateformes étrangères. C'est un outil de base de l'anonymat en ligne, utilisé aussi bien pour se protéger sur les Wi-Fi publics que pour mener des activités potentiellement répréhensibles sans se faire repérer facilement.

W

- **White Knight (Chevalier blanc)** : Surnom moqueur donné à un internaute qui prend la défense d'une autre personne de manière jugée excessive ou intéressée. Les trolls utilisent ce terme de "white knight" pour décrédibiliser quelqu'un qui intervient pour protéger une victime de harcèlement ou contredire un discours haineux. L'idée sous-jacente est d'accuser le défenseur de poser en chevalier servant dans l'espoir de gagner l'estime ou les faveurs de la personne qu'il défend (souvent une femme dans l'usage courant de l'expression). Par exemple, sur un forum, si A se fait attaquer par un troll et que B vole à son secours en prenant sa défense point par point, le troll pourra railler B en le traitant de "white knight". Ce terme implique que le défenseur est naïf ou hypocrite, et fait cela pour se donner bonne image plutôt que par vraie conviction.

Z

- **Zoombombing** : Forme de trolling apparue avec la popularisation des visioconférences. Elle consiste à s'inviter inopinément dans une réunion en ligne (souvent sur Zoom, d'où le nom) à laquelle on n'a pas été convié, généralement en exploitant un lien d'accès rendu public par erreur. Le zoombomber va alors perturber la session : hurler des grossièretés, diffuser des vidéos choquantes ou pornographiques, gribouiller sur le partage d'écran... Bref, semer la pagaille dans une visioconférence sérieuse (cours, réunion de travail, webinaire) pour le plaisir de saboter l'événement. Ce phénomène a obligé les organisateurs à renforcer la sécurité des réunions en ligne (salles d'attente, mots de passe) pour éviter de se faire "bomber".

À PROPOS DE L'AUTEUR

Stéphane Renard, cinquante piges au compteur, et toujours en embuscade. Il a traversé les décennies comme on traverse une manif qui dégénère : sans courir, mais avec les nerfs à vif. Observateur vorace d'un monde qui s'écroule sous le poids de sa propre mise en scène, il a vu passer les trolls, les hackers, les influenceurs, les balances et les mythomanes, sans jamais trop s'attacher à personne — sauf à ceux qui méritaient qu'on les suive jusqu'au bout de la nuit.

Ce livre, c'est pas un CV. C'est pas un témoignage. C'est une cartographie toxique, cynique et lucide d'un univers parallèle qu'on appelle "Internet", mais qui ressemble de plus en plus à la vraie vie. Il y a un "je" dans ces pages. Mais ce "je" n'est peut-être qu'un masque parmi d'autres, une voix empruntée, un reflet flouté dans un miroir brisé. Parce qu'à force de fréquenter les trolls, on finit par parler comme eux. Et parfois, à penser comme eux.

220 pages de crasse brillante, de solitude numérique, d'attaques chirurgicales et d'intelligence cruelle. Des histoires qu'on n'avoue pas, des vérités qu'on préfère ignorer, des méthodes qui se pratiquent dans l'ombre. Et une question, au fond, qui traverse tout : **qu'est-ce qu'il reste quand on a tout détruit, sauf soi-même ?**

Stéphane Renard signe ici un livre qu'on lit comme on ouvre un dossier classé confidentiel. Avec un mélange de curiosité, de dégoût, et d'admiration. Parce qu'il fallait bien que quelqu'un le dise.

Et tant pis si c'est pas lui.